불패 확신 주식 투자

불패 확신 주식 투자

펴낸날 2022년 3월 25일

지은이 송주선
펴낸이 주계수 | **편집책임** 이슬기 | **꾸민이** 이슬기

펴낸곳 밥북 | **출판등록** 제 2014-000085 호
주소 서울시 마포구 양화로 59 화승리버스텔 303호
전화 02-6925-0370 | **팩스** 02-6925-0380
홈페이지 www.bobbook.co.kr | **이메일** bobbook@hanmail.net

© 송주선, 2022.
ISBN 979-11-5858-857-1 (13320)

입문부터 고수까지 자신의 옷을 입는 성공 투자

불패 확신
주식 투자

송주선

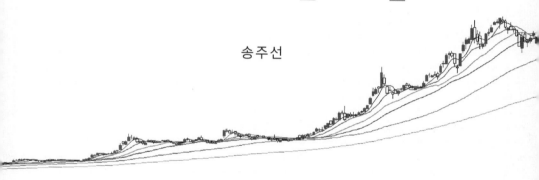

257개
차트의
세밀한 분석

필살기
-
음봉저격법

필살기
-
급등주 매매법

밥북
B·BB·K

서론- 투자를 해야 하는 이유

물가 상승, 원자재 상승, 집값 상승… 소위 내 월급 빼고 모든 게 오르는 상황이다. 왜 오를까? 근본적인 원인은 경제 활성화를 위한 제도로 인해 화폐가치가 하락하기 때문이다. 경제를 활성화하기 위해 정부에서 가장 신속하게 취하는 방법은 돈을 찍어 내는 것이다. 작동 원리를 보면 시장에 돈을 풀어 국민에게 소비를 유도하고 이를 통하여 기업의 실적 개선 및 고용창출을 유도하여 실업률을 낮추고 국민소득을 증가시키는 선순환 구조를 노리는 것이다.

그러나 이러한 경기부양책은 정부가 원하는 대로 돈이 흘러가지 않고, 오히려 자산시장으로 돈이 흡수되어 부동산·주식 시장에 거품이 조성될 위험도 있다. 코로나 19사태를 예로 보면 급작스러운 재난으로 인하여 산업 전반에 위기감이 도래하자 각국 정부는 돈을 찍어 내어 경기 회복에 집중하였고 그런 일련의 노력으로 일단 경기가 상당 부분 회복세로 전환되었다. 그러나 부정적 측면에서 보면, 과도하게 화폐 발행을 했을 때 적절한 시기에 돈을 회수하지 않으면 인플레이션이 커지면서 실질 소득이 감소하는 효과가 나타나 소비 위축으로 나타나고 이것은 다시 경기침체로 이어질 가능성이 있다.

이런 일이 가능하게 된 것은 금본위제 폐지 때문이다. 1971년 이전에는 1달러를 발행하기 위해서는 1달러에 해당하는 금을 보유해야 했고 종이 화폐인 1달러는 그 가치를 보장받았다. 실제로 예전에는 1달러를 이에 해당하는 금으로 교환하는 것이 가능했다. 그런데 미국은 1960년대 말부터 베트남 전쟁 등으로 인해 경제력이 악화되었고, 외국에서의 달러와 금 교환 요구가 급격히 늘어나 금 보유가 턱없이 부족한 상태가 이어졌다. 이에 미국 대통령 리처드 닉슨은 1971년 8월 달러와 금의 교환 정지(금본위제 폐지)를 선언하였다.[1]

이 선언으로 달러는 금만큼의 가치가 반드시 보장되지 않는다는 것이 세계에 널리 알려졌고 달러 가치는 훼손되었다. 이런 제도의 변화에 따라 화폐발행에 제약이 사라졌다. 금이라는 고정된 가치 없이도 화폐발행이 가능해진 것이다. 이 사건 이후 세계 대부분의 나라는 고정환율제 대신 변동환율제를 도입하게 되었고 화폐발행의 자유를 얻게 되었다.

각국 정부의 필요에 따라 찍어 내는 종이 화폐는 찍어 낼수록 그 가치가 떨어진다. 예를 들어 어릴 때 눈깔사탕이 있었다(눈알만 한 사탕이라 해서 눈깔사탕이라고 한듯하다). 당시 사탕 하나 가격이 1원이었다. 현재 그와 비슷한 크기의 사탕 가격이 100~200원 정도다. 사탕의 가격은 100~200배 올랐다. 하지만 사탕이 100~200배 귀해진 것은 아니다. 가격이 상승한 이유는 사탕이 귀해져서가 아니라 단지 돈의 가치가 그만큼 하락했다는 의미다.

▌ 집값, 주식, 금 가격이 왜 오를까?

근본적인 원인은 화폐가치의 하락이 자산 가격의 상승이라는 착각을 일

---

1) 이로 인해 세계 경제가 받은 충격과 변화를 일컬어 '닉슨 쇼크'라고 한다.

으키는 데 있다. 간단한 예를 들면, 금(gold) 1g을 10만 원에 구매했다고 가정한다. 이 1g짜리 금은 이제 자신의 자산이다. 한데 코로나 19사태로 정부에서 경제 활성을 위해 화폐를 찍어 시장에 풀고, 이로 인해 화폐가치가 하락하였다. 금은 한정된 자원이라 원하는 사람은 많다. 그러나 정부에서 돈을 풀어 화폐가치를 하락시켰기에 이제 1g의 금은 10만 원을 주고 살 수 없다. 금은 가치가 그대로지만, 화폐는 가치가 떨어졌기 때문이다. 그렇기에 화폐가치가 하락한 이후 1g의 금을 사려면 15만 원이 필요하고 1g의 금을 가진 나는 10만 원에 금을 샀지만 15만 원짜리 금을 가지고 있는 것이다.

물가가 상승하는 원인도 마찬가지다. 화폐가치는 계속 하락하는데 물건의 가치는 화폐만큼 하락하지 않았기에 화폐를 더 많이 줘야 물건을 구할 수 있다. 금본위제에서는 화폐의 가치가 보장받았기에 임금상승과 물가상승률은 비슷하게 상승하였다. 그러나 금본위제가 폐지되고 난 뒤 화폐가치가 하락하자 임금상승은 물가상승률을 쫓아가지 못한다. 따라서 임금노동자들의 삶의 질이 나빠질 가능성이 큰 구조다.

실제로 베네수엘라에서 발생했던 초인플레이션처럼 정부의 무분별한 화폐발행으로 화폐가치가 하락하여 버스 타는데 돈뭉치를 줘야 하고, 계란 하나 사는데도 한 뭉치의 돈을 주어야 해서 돈을 수레로 끌고 다니는 환경이 되기도 했다.

그렇다면 화폐가치가 나날이 하락하는 지금 어떻게 대처해야 할까? 이는 예시에 답이 나와 있다. 금에 투자하여 1g을 10만 원에 샀다. 화폐 하락에 따라 변동되어 10만 원짜리 금이 15만 원이 되었다. 5만 원을 벌었다는 것은 화폐가치 하락에 따른 착각이지만 금(현물)에 대한 가치가 훼손된 것은 아니기에 금(현물)에 투자한 만큼 자산을 보존할 수 있다.

▌추천하는 투자의 방법, 주식

현대 경제에서는 돈의 총량이 증가할 수밖에 없는 구조로 되어 있다. 문제는 소득이 화폐가치 하락에 따라 증가해야 하는데 소득은 물가 상승보다 현저히 작은 수치로 상승하기에 실질 소득이 감소하는 구조가 사회에 만연했다는 점이다. 수십 년 전에는 월급을 꼬박꼬박 모아서 집을 장만하고 멋진 차도 살 수 있었지만, 지금은 웬만한 고소득 월급쟁이가 아니면 불가능에 가깝게 된 것이 현실이다. 결국, 물가 상승을 따라잡기 위해서는 월급 이외 다른 수입원을 찾아야 한다.

부동산, 코인, 채권, 금, 원자재 등 많은 투자처가 있고 장·단점이 있다. 부동산의 경우 뒷받침되는 자금과 정보가 있다면 큰 수익을 낼 수 있다는 장점이 있지만, 수년 동안 돈이 묶이게 된다는 점이 단점이며 큰 자금이 필요하다. 가상화폐의 경우 투자에 대한 정보를 얻기가 매우 어렵다. 특히 시장이 24시간 닫히지 않아 신경을 많이 써야 하며 높은 수익을 얻을 수 있을지 모르나 아직 제도적인 뒷받침이 제대로 되지 않았기에 그와 동반한 큰 위험을 감수해야 한다. 금, 원자재, 채권 등의 투자는 상승폭이나 하락폭이 매우 느려서 수년간 투자할 여력이 되지 않는다면 별로 권하고 싶지는 않다.

반면 주식은 나름의 역사를 지니고 있어 제도적인 장치도 뒷받침되어 있고 기업에 투자하여 자금을 원활하게 하고 경제적 활동을 일으키는 투자이기에 사회적으로도 바람직하다. 또한, 주식 투자는 매우 보편화 되어 각가지 정보를 취합하여 이 정보를 바탕으로 어떤 기업의 주식을 매수할 것인지 결정할 수도 있다. 그리고 주식 투자는 아주 소액으로 시작 가능한 투자방법이며 환금성 또한 매우 좋다. 주식은 진입장벽이 거의 없어 누구나 쉽게 시작할 수 있다.

물론 누구나 돈을 벌 수 있는 시장은 아니다. 주식 투자가 화폐가치 하락에 따른 인플레이션을 이길 수 있는 강력한 수단이고, 쉽게 시작할 수 있는 투자지만, 매우 위험한 시장이기도 하다. 그런데도 주식을 권하는 이유는 최소한 이 책에서 언급하는 내용을 어느 정도 이해하고 시작한다면 주식 시장에서 살아남아 경제적 부담을 완화할 수 있기 때문이다.

다음의 그래프들은 앞에서 언급한 대로 협의통화(M1)와 광의통화(M2) 증가와 자산가치 상승을 보여주고 있다.

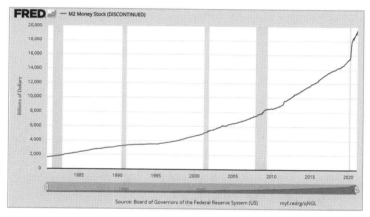

미국 연준이 발표한 M1에 각 금융 기관의 정기 예금을 합친 화폐 공급량 M2 증가 모습이다. 코로나 19를 계기로 사상 유례없는 화폐 증가율을 보여준다.

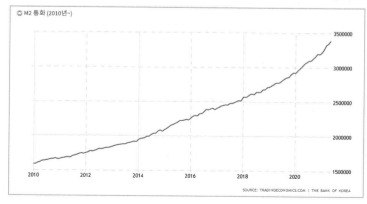

미국만큼은 아니지만, 한국도 꾸준히 증가세를 보이고 있다.

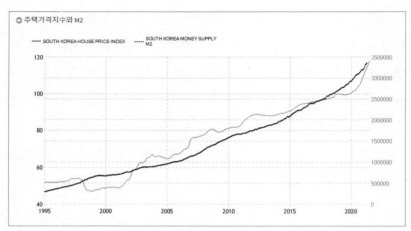

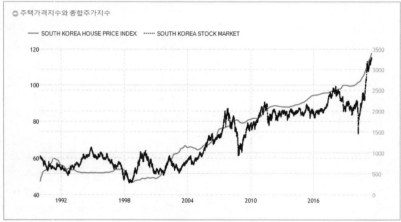

주택가격과 주식 시장을 M2 증가율과 함께 비교해 보았다.

　　주식투자자의 90%가 손실을 보는 이유를 명확히 밝혀내고 공부와 매
매 훈련을 통해서 실력을 키우고 수익을 창출하는 데 목표를 두고 이 책을
쓰게 되었다.

　　주식 투자를 통해 큰 수익을 얻는 경우도 있겠으나 대부분은 손실을 입
고 투자를 후회한다. 왜 이런 상황들이 개선되지 않고 반복될까? 궁극적

으로 각기 다른 투자 마인드를 가지고 하는 원칙 없는 잦은 매매에서 출발한다고 본다.

많은 투자자와 상담하다 보면 여태껏 배운 주식에 관한 지식이 한결같이 어이없을 정도로 비체계적이거나, 논리적이지 않다. 모두 버려야 할 지식이다. 이에 35년간 주식 시장에서 연마한 노하우와 일반 투자자가 주식 시장에서 수익을 낼 수 있는 기본적 원칙을 정리하여 더 쉽게 주식에 접근할 수 있도록 노력하였다.

이 책을 얼마나 소화할지는 독자의 노력에 달려 있다. 좋은 정보를 접하기도 쉽지 않지만, 그 정보를 내 것으로 만들기는 더 쉽지 않다. 잡소리는 되도록 쓰지 않으려 노력하였고, 실전 투자에서 꼭 필요한 내용으로 채우려 애썼다.

그만큼 어려울 수 있으니 독하게 마음먹고 공부하길 바란다.

1부   주식의 기초

2부 　　　　　　　　　　　　　　　　　　　　 주식의 전문화

1부

주식의 기초

1. 주식 시장 입문 시 반드시 알아야 할 것들

▌개인 투자자들의 오해

주식을 처음 접할 때 많은 투자자는 수익을 얻게 된다. 그래서 '주식 참 쉽다', '별거 아니네'라는 착각을 하게 된다. 왜 처음 투자할 때 수익을 얻을 확률이 높을까? 보통 처음 주식을 접할 때는 대체로 주식 시장이 활황일 가능성이 크다. 주식이 연일 고점을 갱신하고 주위에 누구는 얼마를 벌었다는 소문이 귀에 들어오면서 나도 주식을 해야겠다면서 계좌를 개설하고 친구 말을 듣고 종목을 매수하고 며칠 지나보니 계좌에 돈이 늘어나 있는 걸 목격하게 된다.

그러면서 '나는 주식 체질인가 봐', '주식 별거 아니네' 오해하게 된다. 이 대목을 이야기하는 이유는 추세에서 설명할 테지만 추세가 상승장일 때, 많은 투자자가 새로 주식을 접하게 되기 때문에 수익을 쉽게 얻게 된다.

예를 들어, IMF 이후 대세 상승장, 금융위기 이후 대세 상승장, 코로나 19 이후 대세 상승장에서 많은 투자자가 수익을 창출하게 된다. 시장이 수익을 안겨 준 것일 뿐, 실력이 있어서도 아니고, 주식 시장이 쉬워서는 더더욱 아니다.

▌여유 자금으로 투자하자

주식은 기다림이 주된 일이다. 부자들은 잘 기다린다는 말이 있는데 왜 그럴까? 주식 시장이 연일 상승하여 주변에서 돈 벌었다는 소리를 심심치 않게 듣게 되면 '어 나도 주식 해볼까'라는 생각을 한다. 처음에 잘 아는 지인에게 물어도 보고 이래저래 주식을 매수하여 투자금을 잃게 되면 본전 생각이 난다. 이번에 다시 시작하면 지난번 보다 잘할 수 있을 거라는 막연한 기대감이 생기면서 은행에서 대출을 받는다.

돈이 증권 계좌에 들어오는 즉시 또 매수에 가담한다. 마음이 급하다. 원금 회복을 해야 하니까. 조금 오르면 팔고, 좀 떨어지면 '더 떨어질지도 몰라!' 하면서 팔아서 손실이 커진다. 조금만 더 기다려 주면 상승할 수 있는데도 더 기다릴 여유가 없다.

초조한 마음에 관심 종목이 빨갛게 불타오르는 걸 보고 가지고 있던 주식을 냅다 판다. 그리고 불타는 종목을 산다. 그랬더니 내가 산 종목은 뭔 일인지 또 빠진다. 아주 미칠 지경이다. 마음은 급한데 돈질을 할 때마다 실수가 반복되고 또다시 깡통을 찬다.

주식을 이렇게 몇 번만 하면 패가망신한다. 주식은 기다림이다. 고기를 잡기 위해서 고기가 잘 나올만한 곳을 찾아서 고기 좋아할 만한 미끼를 끼워서 적절한 포인트에 잘 던지고 그다음 기다려야 한다.

주식도 같은 이치다. 수익이 잘 날 만한 종목을 찾아서 적절한 가격에 잘 매수를 하고 기다려야 한다. 내가 매수하고 주가가 하락한다고 던지면 그건 투자가 아니다. 기다림에 익숙해져야 한다. 투자는 기다림이라고 생각해야 한다. 여윳돈으로 투자하지 않으면 이런 기다림을 못해 결국 실패하게 된다.

▌주식은 사업이다

어떤 사업을 하든 사전 준비가 필요하다. 커피숍을 하나 하더라도 자리를 물색하고 유동인구도 조사하고 인테리어는 어떻게 할 것인지 등 많은 시간과 자금이 소요된다. 주식을 처음 접하는 계기가 '남이 하니까', '돈 버는 거 같아서', 사업을 시작할 때 이렇게 막연하게 시작하는가? 커피숍 하면 누구나 돈을 잘 벌 수 있는가? 작게는 몇백만 원에서 수억 원을 투자하면서 아무런 준비 과정 없이 주식 시장에 뛰어드는 경우를 많이 접하게 된다. 이들은 거의 대부분 실패한다.

통계상 개인 투자자 90%가 손실을 본다고 한다. 시작은 쉬우나 매우 어려운 투자가 주식 투자다. 그럼 커피숍 오픈할 때보다 더 많은 공부와 준비가 있어야 하지 않겠는가? 필자는 주식을 배우려는 투자자에게 꼭 해주는 말이 있다.

"소액으로 해 보고 수익이 일정하게 나면 그때 증액을 하라."

소액으로 실전 투자를 해서 준비하는 시간을 가져야 한다. 스스로 이 사업이 어떤 사업인지, 어떤 위험성이 있는지, 어떤 비전이 있는지 철저한 사전 조사와 공부를 해야 한다.

▌매매 훈련은 필수다

소액으로 매매 훈련을 최소 1년을 해 보아야 한다. 그래서 꾸준한 수익이 창출되어야 증액을 하여 본격 투자에 나서는 걸 권한다. 지식과 실전은 엄연한 차이가 있다. 수학처럼 1+1=2라는 정답이 없다. 수많은 변수가 작용하여 주가가 만들어지는데 이러한 주가를 예측하고 매도하기 위해선 반드시 일정 기간 훈련이 필수다.

짧은 시간에 큰 수익을 욕심내며 좀처럼 이런 훈련을 하지 않으려 한다.

특히나 손실이 어느 정도 발생한 투자자는 더더욱 조급해진다. 손실을 최소화할 수 있는 수단은 본인의 원칙을 세우고 매매 훈련을 하는것이다. 이런 원칙 없이 매수를 감행하는 것은 너무 위험한 투자다. 일정 기간 소액으로 매매 훈련해서 일정한 기준을 세우지 못하면 본격적인 투자를 해서는 안 된다.

▎단기 매매 허와 실

결론부터 말하면 단기 매매(짧은 기간 동안 주식을 사고파는 행위)는 고수의 영역이다. 초보자들이 접근하면 할수록 수렁으로 빠져드는 게 단기 매매이다. 컴퓨터가 보급되고, 모바일 매매가 가능하면서 주식 매매는 언제, 어디서든 가능하게 되었다. 그리고 모든 증권사나 애널리스트, 그리고 사이버상의 전문가들은 너나 할 거 없이 손절을 강조하고 손절을 잘하는 사람이 고수인양 치켜세운다.

주식 투자에서 가장 중요한 것은 잃지 않는 것이고, 잃더라도 조금 잃는 것이다. 조금 잃기 위해서 손절을 자주하면 가랑비에 옷 젖듯이 그 누적 손실은 감당키 어려운 수준까지 도달하게 된다. 단기 매매로 짧은 시간 고수익을 노리는 소액 투자자의 경우 주식을 하지 말거나, 하려면 제대로 배우고, 훈련해서 하라고 당부하고 싶다. 단기 매매는 일반 투자자들의 영역이 아니다.

▎중·장기 매매의 활용

주식을 하는 초심은 각기 다를 수 있다. 대부분은 은행 이자보다 나은 수익을 목표로 하는 경우가 많고, 주위 사람들이 주식으로 돈 벌었다는 소문을 듣고 급한 마음에 주식을 시작하는 경우도 있다. 단기 매매는 고

수익 영역이라고 하였는데, 그럼 초보자들은 어디에 투자해야 하는가? 주식 투자에서는 중·장기 매매를 권한다. 이 또한 조건이 있다. 충분히 기다릴 수 있는 자금의 여유와 시간이 필요하다.

1년도 거뜬히 견디어 낼 수 있는 여유가 있어야 한다. 급한 돈으로, 급한 마음으로 중·장기 투자를 시작한다면 치명적 실수가 될 수 있다. 1~2달이면 상승할 종목도 기다리지 못해서 내가 팔고 나면 그 주식은 상승하고, 상승할 거 같아서 매수한 종목은 사자마자 하락한 경험이 대부분 있을 것인데 이런 실수가 몇 번 반복이 되면 원금은 금방 사라져 버린다.

수십 프로에서 수백 프로 수익은 단기 매매에서는 거의 불가능하다. 고수가 아니면 일반인은 꿈도 꾸지 말아야 한다. 일반 투자자는 고수익을 어디서 창출할 수 있는가? 바로 중·장기 투자에서다. 예를 들어, 삼성전자에 1, 2년 중·장기 투자를 해 보면 알 수 있다. 2020년 코로나 19로 인하여 지수가 급락할 때 의약, 바이오 업종의 종목을 선정하여 중·장기 투자를 했다면 수백 퍼센트의 수익을 냈을 것이다.

▌상한가 · 하한가 계산법

현재 가격 제한폭은 플러스 마이너스 30%이다. 즉 주가가 아무리 올라도 30% 오르고 아무리 떨어져도 -30%라는 뜻이다. 2015년 6월 15일부터 시행되었고 이전에는 15%, 12%, 8%, 등이었다. 미국의 경우 가격 제한폭이 없어 상한가 개념이 없다. 끝도 없이 오르고 끝도 없이 추락한다고 보면 된다.

매수 이후 상한가와 하한가를 연속으로 맞았다고 가정을 해 보자. 즉, 10,000원에 매수하여 먼저 상한가를 맞고 다음 날 하한가를 맞았을 때를 계산해 보면 첫날 상한가인 기준가 13,000원의 30%로 주가가 내려가니 다음날 하한가 9,100원이 된다. 반대로 매수 첫날 하한가를 맞고 다음 날 상한가를 맞았을 때 첫날 하한가 7,000원이 기준가가 되니 다음날 상한가 9,100원이 된다. 상한가, 하한가를 한 번씩 주고받았는데 첫 투자금 10,000원에서 900원이 사라졌음을 알 수 있다.

상·하한가 계산방법

- 기준가격(전일 종가를 기준)이 10,000원이라고 가정한다.
- 상한가 계산

10,000 × 0.3 = 3,000 → 다음 기준가 + 3,000= 13,000
- 하한가 계산

10,000 × 0.3 = 3,000 → 다음 기준가 - 3,000= 7,000

또 하나 예를 들어보자.

기준가격은 역시 10,000원으로 상한가를 3번 연속 맞았다고 가정해보자.

첫날 13,000 / 둘째 날 16,900 / 셋째 날 21,970

반대로 하한가를 3번 연속 맞았다고 가정해보자.

첫날 7,000 / 둘째 날 4,900 / 셋째 날 3,420

단순하게 계산하면 3일 연속 상·하한가를 맞으면 1만 원의 90%에 해당하는 9천 원이 오르내릴 것 같으나 상한가에서는 19,000원이 아니라 21,970원이 된다. 하한가에서는 절댓값 1,000원이 아니라 3,420원이 된다. 주식에 처음 입문한 사람들이 상·하한가를 잘 몰라 흔히 착각하는 실수이다.

▌꼭 필요한 거시경제 안목

  주식만 봐도 머리가 아픈데 거기에 거시경제까지 보라니 어렵다. 그렇
지만 돈 벌기 위해선 해야 한다. 시황, 투자전략, 업종에 대한 분석 리포트,
종목에 대한 리포트 등 많은 정보가 산재해 있어 보는 이를 질리게 하고
어떤 정보를 취사선택하기도 어려워 보인다. 하지만 이는 성급하게 넓은
범위의 정보를 얻으려고 하기 때문이다. 공부할 때 숲을 먼저 보고 나무를
보라고 말하고 싶다. 즉, 금리, 환율, 유가, 원자재 가격, 채권, 금, 유동성 등
주식 시장에 영향을 주는 많은 요소를 하나씩 공부해 가고 이런 것들이
주식 시장에 어떤 영향을 미치는지 천천히 하나씩 이해하도록 하자. 그렇
게 하나씩 읽고 또 읽다 보면 이해의 폭이 넓어질 것이고 안목도 커질 것
이 분명하다.

▌기초 주식 용어

고가	당일 주식 시장이 열리는 중 가장 높았던 가격
저가	당일 주식 시장이 열리는 중 가장 낮았던 가격
시가	주식 시장이 열릴 때 주식의 최초 가격
종가	주식 시장을 마감하는 시간대 주식의 가격
미인주	두 가지 의미가 있는데, 누구나 좋아할 만한 매력적인 주식이라는 의미도 있고, 수익률이 높은 주식을 미인주라고 부르기도 한다.
대장주	어떤 산업군에서 말 그대로 대장인 주식을 의미. 산업 내 수익률 1위, 시장 점유율 1위, 기술력 1위 등 여러 의미로 대장주가 존재할 수 있다.
뇌동매매	내가 세워둔 계획에 대한 믿음을 가지고 시세를 예측하고 투자하는 것이 아닌 남들을 따라 하는 투자를 말한다.
추격 매수	주가 상승 후에 더 큰 상승을 바라고 추가로 매수하는 것을 말한다.

투매	투자 손실을 감수하고 투자 자산을 매도(매각)하는 것을 의미한다.
매집	어떤 의도를 갖고 일정한 주식을 대량으로 사 모으는 것을 의미한다.
분봉	분 단위로 변하는 주가변동폭을 보여주는 차트를 의미하며 시간에 따라 1분봉, 3분봉, 15분봉, 60분봉 등으로 표현한다.
월봉	한 달 단위로 변하는 주가 변동폭을 보여주는 차트
주봉	한 주 단위로 변하는 주가 변동폭을 보여주는 차트
기간 조정	상승하는 주식이 목표가까지 연속해서 상승하지 않고 일정 기간 쉬었다가 가는 현상을 의미한다.
캔들	차트에서 양초 모양을 닮은 막대그래프를 의미한다. 특정 시간 동안 거래된 주식의 가격 변동을 보여주는 지표이다. 가격이 오르고 내리고에 따라서 이 캔들의 이름이 양봉과 음봉으로 나뉘게 된다.
음봉	주식의 기술적 분석 정보 차트에서 표시되는 푸른색의 막대로 시가보다 종가가 하락한 경우 사용한다.
양봉	주식의 기술적 분석 정보 차트에서 표시되는 붉은색의 막대로 시가보다 종가가 상승한 경우 사용한다.
꼬리	차트의 막대에 달린 선을 의미하며 위에 달린 것은 위 꼬리 아래 달린 것은 아래 꼬리라 한다. 각각 고가와 저가를 의미한다.

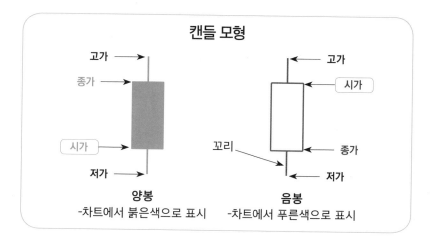

캔들 모형

양봉
-차트에서 붉은색으로 표시

음봉
-차트에서 푸른색으로 표시

▌HTS /모바일 사용법

매매 실수를 범하지 않기 위해서 먼저 기계를 익히자. 또한, HTS에는 많은 정보를 검색할 수 있는 다양한 검색창들이 있으니 쇼핑하듯이 시간 될 때마다 다양한 검색을 해 보기를 권한다.

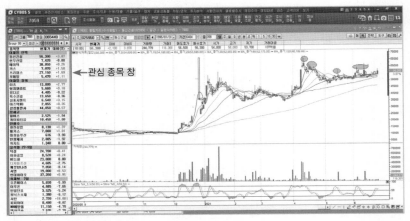

차트 1-1. HTS 배치 화면

왼쪽에 관심 종목을 볼 수 있게 띄워두고 오른쪽에 차트를 띄워둔다. 관심 종목을 클릭하면 차트를 바로 확인할 수 있게 구성하는 것이 좋다.

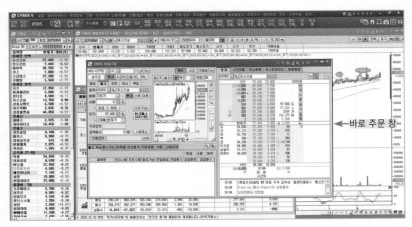

차트 1-2.

차트 1-2와 같이 주문하는 창을 별도로 띄워두고 매매 할 수도 있다. 요즘 모바일로 매매하는 경우가 많은데 차트를 정밀하게 볼 수 없어서 개인적으로 되도록 사용하지 않는 편이다. HTS에서 상당히 많은 정보를 알려주는데도 불구하고 이런 정보에 접근하지 않는 경우가 많다. 클릭해서 내게 꼭 필요한 화면 번호를 적어 놓고 암기될 때까지 잘 보이는 곳에 붙여두면 좋다.

차트 1-3.

세계증시 현황도 한눈에 볼 수 있고 각 투자주체 별 매매 동향이나 종목별 매매 동향 등 여러분이 필요한 정보는 거의 갖추어 놓고 있다.

▌인터넷 정보검색 방법

네이버, 다음 등 증권 페이지에 가면 아주 다양한 정보를 접할 수 있다. 네이버 금융, 다음 금융에 보면 종합지수, 종목, 뉴스, 투자정보, 당일 테마 상승 순위 등 아주 많은 정보가 있다.

　　인터넷 사이트 네이버 금융에 검색해 보면 각종 정보가 잘 정리되어 있다. 주요 뉴스, 업종, 테마, 해외 증시까지 이런 모든 것을 클릭해서 검색해 보자 또 다른 정보를 얻을 기회가 생길 것이다.

▌업종 선택과 종목선택 방법

　　오른쪽 도표는 네이버 증권 홈페이지에서 가져온 것이다. 매일 업종의 등락은 달라질 수 있지만 한 달간 이 페이지를 지속 모니터링만 해도 현재 어떤 업종이 시장을 주도하고 가장 많이 상승하는지 알 수가 있다.

　　이렇게 업종을 선택하고 종목을 선택한다.

　　업종별 시세에서 가장 상위에 있는 생물공학을 클릭해보면 앞 페이지와 같은 자료가 나온다. 생물공학 업종을 주도한 종목들을 상승률 상위 종목 순으로 보여주고 있다.

금융홈 > 국내증시 > 업종별 시세

| 업종별 시세

업종명	전일대비	전일대비 등락현황				등락그래프
		전체	상승	보합	하락	
생물공학	+4.55%	47	33	4	10	
우주항공과국방	+3.63%	16	10	1	5	
양방향미디어와서비스	+3.45%	11	6	1	4	
출판	+3.41%	4	3	1	0	
통신장비	+3.31%	44	31	4	9	
건강관리업체및서비스	+2.98%	3	3	0	0	
전기제품	+2.94%	40	28	2	10	
디스플레이패널	+2.21%	4	4	0	0	
식품과기본식료품소매	+2.15%	7	3	0	4	
생명과학도구및서비스	+1.95%	31	20	4	7	
기계	+1.88%	98	44	17	37	
방송과엔터테인먼트	+1.83%	57	20	8	29	
건강관리장비와용품	+1.80%	65	41	7	17	
전자제품	+1.55%	18	9	4	5	
판매업체	+1.49%	8	3	4	1	
전자장비와기기	+1.31%	89	56	12	21	
교육서비스	+1.25%	21	9	3	9	
핸드셋	+1.23%	63	35	11	17	
섬유,의류,신발,호화품	+1.22%	80	42	6	32	

| 업종별 시세

업종명	전일대비	전일대비 등락현황				등락그래프
		전체	상승	보합	하락	
생물공학	+4.55%	47	33	4	10	

☑ 거래량   ☑ 매수호가   ☑ 거래대금(백만)   ☐ 시가총액(억)   ☐ 영업이익(억)   ☐ PER(배)
☐ 시가   ☑ 매도호가   ☑ 전일거래량   ☐ 자산총계(억)   ☐ 영업이익증가율   ☐ ROE(%)
☐ 고가   ☐ 매수총잔량   ☐ 외국인비율   ☐ 부채총계(억)   ☐ 당기순이익(억)   ☐ ROA(%)
☐ 저가   ☐ 매도총잔량   ☐ 상장주식수(천주)   ☐ 매출액(억)   ☐ 주당순이익(원)   ☐ PBR(배)
    ☐ 매출액증가율   ☐ 보통주배당금(원)   ☐ 유보율(%)

[적용하기] [초기 항목으로]

종목명	현재가	전일비	등락률	매수호가	매도호가	거래량	거래대금	전일거래량	토론실
진원생명과학	29,950	↑ 6,900	+29.93%	29,950	0	37,551,217	1,038,103	5,211,093	💬
네이처셀 *	21,500	▲ 3,600	+20.11%	21,450	21,500	16,210,264	332,147	7,749,506	💬
아시아종묘 *	8,190	▲ 920	+12.65%	8,180	8,190	4,157,549	33,046	385,406	💬
셀리버리 *	103,400	▲ 8,000	+8.39%	103,400	103,500	392,346	39,492	143,106	💬
유틸렉스 *	34,650	▲ 2,400	+7.44%	34,650	34,700	184,952	6,251	58,335	💬
아미코젠 *	40,650	▲ 2,800	+7.40%	40,600	40,650	973,009	38,784	220,801	💬
메디톡스 *	208,500	▲ 14,300	+7.36%	208,400	208,500	404,079	83,507	347,034	💬
제노코커스 *	7,620	▲ 360	+4.96%	7,600	7,620	148,463	1,119	33,349	💬
에이비엘바이오 *	21,250	▲ 1,000	+4.94%	21,250	21,300	390,832	8,183	252,540	💬
휴젤 *	247,900	▲ 10,300	+4.34%	247,900	248,000	287,827	72,100	467,929	💬
알테오젠 *	78,600	▲ 3,100	+4.11%	78,500	78,600	287,221	22,382	114,071	💬
오스코텍 *	36,700	▲ 1,400	+3.97%	36,700	36,750	320,037	11,556	150,308	💬
녹십자바이오 *	14,150	▲ 500	+3.66%	14,150	14,200	781,827	11,016	171,027	💬
앱클론 *	23,200	▲ 800	+3.57%	23,200	23,250	147,235	3,384	65,315	💬
바이오니아 *	18,150	▲ 550	+3.13%	18,100	18,150	306,108	5,489	263,140	💬
클리노믹스 *	15,500	▲ 400	+2.65%	15,450	15,500	129,556	1,997	67,371	💬

여기서 이런 업종의 상승이 단발로 끝날 수도 있고 연속적으로 나타날
수도 있다. 단발성 상승은 크게 신경 쓸 필요 없다. 이렇게 한 달간 모니터
링하며 여러 번 눈에 띄는 업종을 눈여겨보고 그 업종이 현재 시장의 주
도 업종인지 확인하면 업종을 이끌어가는 대장주가 어떤 종목인지도 알
수 있게 된다. 중·장기 종목을 선정할 때 아주 기초적인 방법이다.

▌손절매에 농락당하지 말자

인터넷 보급 이후 모바일 매매까지 가능해 지고 주식 매매를 언제 어디
서든 손쉽게 할 수 있게 되면서 오히려 개인 투자자들의 손실은 커지고,
속도는 빨라지고 있다.

증권사 애널리스트 각 주식 전문가 집단에서 거의 빠짐없이 손절 잘하
는 사람이 고수인양 여론몰이를 하고 있다. 왜? 증권사로서는 개인들이
자주 매매를 해 줘야 수수료를 그만큼 더 챙길 수 있기 때문이다. 전문가
집단은 자신이 매도 추천 이후 하락 하면 손절 원칙을 지키지 않았다고 도
리어 투자자에게 화를 낸다. 그들이 신 노릇을 한다. 추천 가격, 목표 가격,
손절 가격 웃기는 이야기다. 하락 시 손절을 못해서 물어보면 무어라 하는
가? 내가 매도하니 주가가 곧바로 상승하는 경우 다들 있을 것이다. 왜 그
런 현상들이 일어나는지 고민해 본 적이 있는가?

차트 1-4를 보면 음봉이 나오고 다음 날 상승 출발하면서 이틀 동안 주
가가 급등하는 가운데 거래량을 보면 개인들 추격 매수가 상당했음을 짐
작게 한다. 만약 여러분께서 고점에 추격 매수 했다고 가정을 해 보자.

차트 1-5를 보자. 매수 이후 이틀 동안 조정이 들어와 마음이 매우 불안
하다. 손절해야 하나? 보유해야 하나? 물타기를 할까? 가슴이 두근거리고
머리가 아프다. 왜 그럴까? 주가만 쳐다보고 거래량을 보지 않기 때문이

다. 거래량이 급감하는 자리에서는 매도는 삼가는 게 좋고 오히려 분할 매수를 고려해 봐야 한다.

차트 1-4. 두산중공업

차트 1-5. 두산중공업

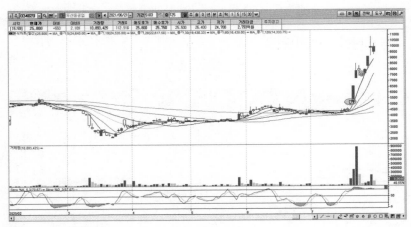

차트 1-6. 두산중공업

　　거래량 급감하는 자리에서 매수자는 참아 줘야 하는데 일정한 손절폭을 지킨다고 여기서 손절을 시키는 게 전문가 집단이다. 이런 투자자는 모두 하수다.

2. 거시경제 안목을 키우기 위한 기초

▌금리

금리란? 쉽게 표현하면 이자율을 말한다. 은행에서 대출을 받을 때 지불해야 하는 이자, 또는 은행에 돈을 예치하는 대가로 받는 이자, 이런 것을 통틀어 시중금리라고 말한다. 금리의 작동 원리를 먼저 이해하면 금리가 왜 올라가고 내려가는지 알기 쉽고 또 예측도 가능해질 것이다.

최근 코로나 19로 인하여 시장 경제가 위축되면서 각국 정부는 앞다투어 시장에 돈을 풀어주고 있다. 이를 유동성 공급이라고 한다. 시장에 돈이 많이 풀리게 되어 서민들이 쓸 돈이 생기면 이는 소비로 이어지고 소비는 생산으로 연결되는 선순환 구조가 작동하여 경기가 회복될 것이라는 기대로 돈을 풀게 된다.

정부가 시장에 돈을 많이 공급하게 되면 일정 기간(돈이 서민 경제까지 내려가는 시간)은 인플레이션 압박을 받지 않으나 공급이 초과되는 상황이 오면 물가가 상승하고 돈의 가치는 떨어진다. 이런 상황이 오면 정부는 다시 돈을 거두어들이는데 그 수단이 기준금리 인상이다. 기준금리를 인상하면 시중금리는 기준금리보다 더 큰 폭으로 인상한다. 이 경우에 돈을 가진 것보다 실물을 가진 게 더 안전하고 수익이 높다. 돈이 시장이 풀리고 유동성 공급이 확장되면 주식 시장은 돈의 힘으로 실물 경제와 다르게 상승을 하게 되는 경우가 대부분이다. 유동성 장세가 바로 이때를 두고 하는 말이다. 금리가 본격적으로 인상되는 시점, 즉 물가가 적정 수준을 넘어서는 시점이 오면 유동성 장세는 끝이 난다고 보면 된다.

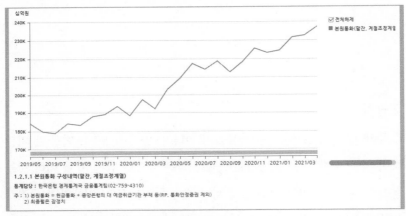

차트 1-7. 한국은행에서 발표하는 본원통화 수치다.
본원통화는 쉽게 말해 아직 통화가 시중에 풀리기 전 통화라고 보면 된다.

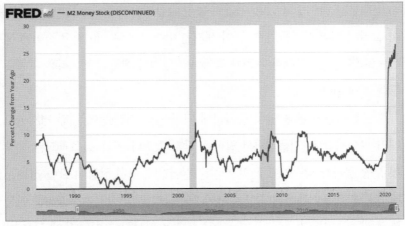

차트 1-8. 미국의 전년 대비 증감률을 보여주는 M2다.

차트 1-7과 1-8에서 한국, 미국 등 세계 각국은 저마다 돈을 푸는 정책을 펴고 있다. 하반기로 갈수록 이런 정책을 지속 유지하기 부담스러운 상황으로 전개된다면 조만간 금리 인상을 염두에 두어야 할 것이다.

▌환율

환율이란 국가 간의 통화교환 비율을 말한다. 환율은 평가 자체가 상대적인 것이라 달러 환율이 내렸다고 하면 달러에 비하여 원화 가치가 상승하고 있음을 뜻한다. 한국은 수출 주도형 국가로 글로벌 경제에서 수출, 수입은 필수적이고 상대적 우위를 점하는 것이 무엇보다 중요한데 그런 우위를 점할 수 있는 대목 중 하나가 환율이다.

환율이 오르면 수출 업체의 경쟁력이 향상되고 환율이 내리면 수입 업체의 경쟁력이 커진다. 이런 변화하는 환율은 한 국가의 수출, 수입에 막대한 영향을 끼치기 때문에 각국 정부는 환율이 적정선에 위치할 수 있도록 통화 조절을 통하여 관리하게 된다. 주식에 투자할 때 그 기업의 성향에 따라 환율은 커다란 영향을 미치기도 함으로 예의 주시해야 한다.

▌채권

채권은 크게 국가가 발행하는 국채와 기업이 발행하는 회사채로 나눌 수 있는데 발행하는 주체에 따라 이름이 국채와 사채로 나뉜다. 채권은 특정 날짜에 정한 액수의 돈을 돌려주겠다는 약속을 증서로 남긴 것으로 발행하는 주체의 신용을 믿고 채권을 매입하는 것이다. 예를 들어 A라는 회사는 매우 건실하고, 앞으로 성장성도 좋다고 시장이 평가하면 A라는 회사가 발행하는 채권의 금리는 낮아질 것이고, 신용평가가 낮다면 채권의 금리는 높아진다.

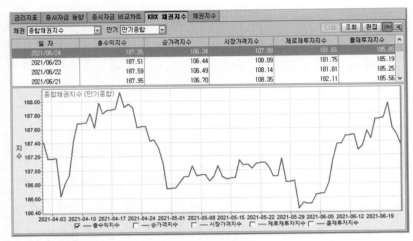

차트 1-9. 국내 채권지수는 상당히 안정적 흐름을 보여준다.

채권 가격과 주식 시장의 관계는 반비례적이다. 주식 시장에 위험이 온다 싶으면 안전자산인 채권시장으로 돈이 몰리게 되고, 반대로 유동성이 풍부하거나 실물경기가 좋아진다고 예상하면 주식 시장으로 돈이 몰리게 되어 둘의 관계는 위험과 안전이라는 동전의 양면 같다고 볼 수 있다. 따라서, 주식 시장에 참여한 투자자로서 채권시장의 동향을 체크해야 한다.

차트 1-10. 채권 수익률이 낮아지는 이유는 주식 시장이 성장하는 이유와 관련있다.

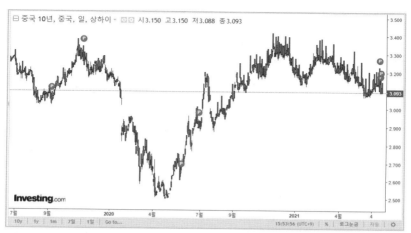

차트 1-11. 위 그림은 중국의 10년물 채권 수익률이다. 2020년 4월 바닥을 찍고
상승 추세로 전환되는 모습이어서 채권 수익률은 점차 상승할 가능성에
무게를 둔다.

▌원자재

실물 경제의 흐름을 선반영하는 부분이 원자재 가격 동향이다. 그도 그
럴 것이 생산이 증가 하고 소비가 증가 하면 당연히 원자재 가격 수요가
많아져 가격이 상승하게 된다. 세계 경제에 직접적 영향을 주는 석유, 구
리, 금 등이 대표적이다.

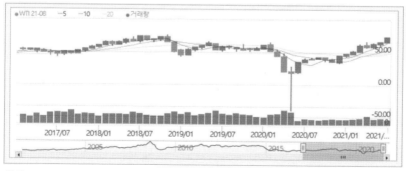

차트 1-12.

차트 1-12는 대표적 원유 지수인 WTI이다. 2020년 말을 저점으로 2021년부터 상승세가 매우 가파르게 진행되고 있다. 그만큼 경기 회복세가 빠르게 나타나고 있다는 방증이기도 하다. 이런 원유 가격의 흐름을 살펴보면서 거시경제의 안목을 넓혀야 한다.

차트 1-13과 1-14는 구리와 알루미늄 가격을 보여준다. 실물 경제 회복으로 인한 수요 증가에 따른 가격 상승으로 보이며 이러한 가격 상승 압력이 커지면 인플레이션 압력도 커질 것이다.

차트 1-13.

차트 1-14.

　　차트 1-15는 금 가격 흐름이다. 채권과 더불어 안전자산으로 높이 평가받고 있다. 2011년 최고 가격 이후 2020년에 새로운 기록을 만들고 난 뒤 일시적인 조정 구간으로 보여 앞으로 금 가격 상승은 지속될 것으로 보인다. 원자재 가격 동향을 살펴보는 이유는 현재 실물경기와 함께 인플레이션 압력이 얼마나 커지고 있는지를 보기 위함이다. 인플레이션 압력이 커진다는 것은 금리가 조만간 상승할 가능성이 크다는 것을 의미하므로 지속해서 모니터링을 해야 한다.

차트 1-15.

▌위험지수

　　CDS(Credit Default Swap: 신용부도스와프)는 채권을 발행한 기업이나 국가가 부도날 경우 원금을 돌려받을 수 있는 금융파생상품이다. 부도 위험을 회피(헤지$_{hedge}$)하는 데 들어가는 보험료 성격의 수수료를 CDS 프리미엄이라고 한다(출처: 네이버 사전).

　　이 보험료가 상승하면 위험도가 높다는 말이고 보험료가 내려가면 위험도가 낮아진다는 말이므로 이를 통해 각 나라의 투자 위험도를 살펴볼 수 있다.

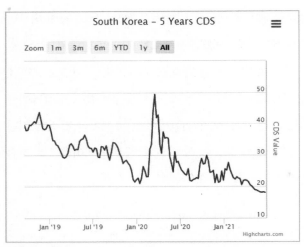

차트 1-16. 한국 CDS 프리미엄 지수

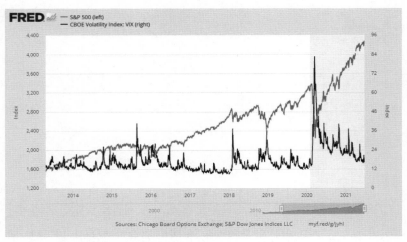

차트 1-17. 변동성 지수와 S&P 500 지수

차트 1-17은 변동성 지수와 S&P 500 지수를 나타낸다. 변동성 지수는
시장에 참여한 투자자들의 심리를 지수화한 것이다. 즉, 심리가 불안한 상
태 또는 과열 상태일수록 지수가 높게 책정되고 반대로 심리가 안정된 상

태일 경우에는 지수가 낮게 책정된다. 이런 지수를 보는 이유는 차트 1-17에서 보듯이 주가지수가 하락하면 변동성 지수는 상승하는 형태를 보여주고 따라서 투자주체의 불안정성을 이용하여 저가 매수를 노리는 투자주체에서 이를 사용하는 경우가 많기 때문이다.

몇 가지 위험지수를 소개했다. 이런 지수들의 특성을 살펴서 시장에 발생할 위험 요소가 없는지 미리미리 살펴 위험관리를 위한 수단으로 활용하면 된다.

3. 주가는 어떻게 형성되는가?

▌주가(주식가격)란?

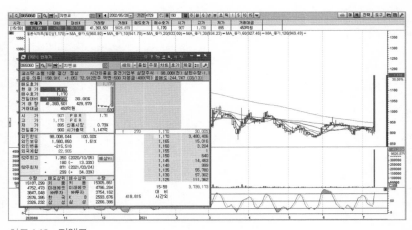

차트 1-18. 지엔코

매수자(주식을 사려는 사람)와 매도자(주식을 팔려는 사람) 사이에서
결정되는 가격을 말한다. 주가는 늘 변하므로 이를 예측하는 것은 매우 어
려운 일이며 기술적 분석의 한계를 이야기하는 주된 이유이기도 하다. 시
장에서는 주가는 살아있는 생물과 같다는 말을 한다

초보자의 경우 주가의 움직임을 보고 마음이 흔들리기 쉽고 그리하여 추격 매수하거나 투매에 참여하게 되는 우를 범한다. 짧은 시간에 움직이는 주가는 특정 세력에 의하여 언제든지 조작될 수 있다.

▌주가 형성원리

주가 정의를 좀 더 자세히 풀어보면 형성원리를 이해할 것이다. 시장의 가격은 수요, 공급의 원리에 따라 움직인다고 경제학에서 배웠다. 통상적이고 상식적인 시장이라면 이러한 시장원리가 적용되는 것이 맞다. 먼저 시장원리를 풀어보자. 필자는 이를 '양적 개념'의 주가 형성이라고 명명하였다. 수요(매수자)와 공급(매도자) 사이에서 수요가 많으면 주가는 상승하고, 반대로 수요가 적으면 주가는 하락하는 원리다. 그래서 주가가 상승할 때는 거래량이 증가하고, 주가가 하락할 때는 거래량이 감소하는 것이 일반적이다.

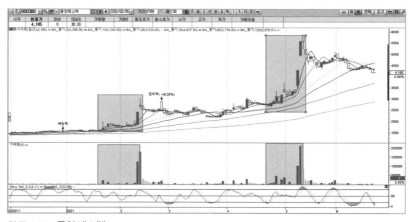

차트 1-19. 동양에스텍

이해를 돕기 위해 극단적인 예를 들어보자. 차트 1-19를 보면 거래량이 거의 없다가 거래량이 서서히 증가하면서 주가도 꿈틀거리기 시작한다.

최대 거래량이 생기고 거래량이 감소하면서 주가도 상승하지 못하게 된다.
이처럼 양적 개념으로 본 주가 형성은 단순하고 명료하여 거래량의 움직
임으로 주가의 움직임을 일정 부분 예측이 가능하다. 거래량이 중요한 이
유다.

▌통상적 시장원리 거래량의 '양적 개념'과 세력 원리 거래량의 '질적 개념'

　양적 개념의 시장원리는 단순 명료하다. 하지만 시장은 이렇게 단순하지
않다. 시장에선 세력 아닌 종목이 없다고 할 정도로 세력이 극성을 부린
다. 그럼 이 부분을 어떻게 해석하여 대응해야 할까? 필자는 여기서 '질적
개념'의 주가 형성원리를 도입하였다. 양적 개념의 주가 형성원리에서는 시
장원리도 인위적인 주가 조작이 없다는 것을 전제로 하지만, '질적 개념'은
인위적 주가 조작이 있다는 걸 전제로 한 분석 방법이다.

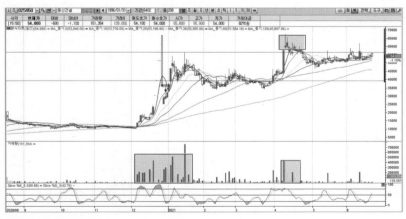

차트 1-20. 동신건설

　차트 1-20을 보면 2020년 말부터 대량거래가 발생하면서 주가가 급등하
였다. 이후 2개월의 기간 조정을 마치고 4월 초부터 단기 급등하면서 1월

에 발생한 최고 거래량에 있는 주가를 4월에 가볍게 돌파하였다. 일반적 시장원리로 보면 1월에 발생한 대량거래에 있는 주가를 넘기기 위해서는 이보다 더 큰 거래량이 필요하다. 그런데도 절반 정도의 거래량으로 최고 거래량의 주가를 돌파하였다는 것은 '양적 개념'으로 해석하기 어렵다. 그렇다면 이를 '질적 개념'으로 해석을 해 보면 2020년 12월부터 본격적으로 매집하였고 점 상한가 시세를 주면서 시장의 이목을 유도한 다음 거래량을 폭발시키면서 매집하는 고도의 매집 형태가 나타나고 1월 말부터 조정을 주면서 천천히 때를 기다리는 상황으로 정리해 볼 수 있다.

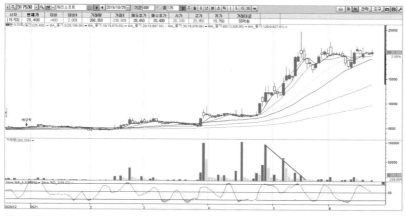

차트 1-21. 캐리소프트

차트 1-21을 보면 2021년 2월부터 거래량이 증가하다가 3월 말 폭발적으로 증가했다. 이후 거래량이 급감하는 과정에서 주가는 하락하지 않고 정체를 보여주었고 4월 말부터는 거래량이 감소하고 있음에도 주가는 매우 탄력적으로 상승한다. 이것을 '양적 개념'인 일반적 시장원리로 해석하기 매우 어렵다. 따라서, 이 경우에는 세력의 매집으로 판단하여 '질적 개념'으로 접근하여 해석하는 것이 좋다. 2월부터 4월 말까지 집중적인 매집을 진행하였고, 이후 매집 물량이 세력의 손에서 머물러 적은 거래량으로도 쉽게 주가를 상승시킬 수 있다는 개념이다. 시장 논리대로 유통업체가 고추를 대량 매입하여 창고에 쌓아 두고 가격이 오를 때 조금씩 시장에 내다 파는 형국과 유사하다고 보면 된다.

▌주가는 거래량의 그림자일 뿐이다!

위에서 주가의 형성원리를 설명하였다. 주가는 거래량에 따라 양적 개념과 질적 개념으로 구별하여 해석할 수 있고 주가는 거래량의 크기와 질에 따라 그 위치가 달라진다.

통상적 시장원리로 보면 거래량이 증가하면 주가는 상승하고 거래량이 감소하면 주가는 하락 한다. 세력이 개입된 질적 개념으로 해석하면 거래량이 감소하여도 주가를 상승시킬 수 있다는 것은 주가 상승 이전에 이미 매집 단계가 있었다는 걸 미루어 짐작할 수 있다. 따라서, 하루의 주가가 어떻게 움직이는지는 그리 중요하지가 않다 주가가 상승할 때나 하락할 때 주시해야 할 것은 주가가 아니라 거래량에 있다.

2부

주식의 전문화

4. 주식의 분석

▌기본적 분석이란

기업의 내재 가치를 분석하는 기하가치평가를 바탕으로 하여 주가를 예측하는 방법으로 여러 정보를 이용하여 미래의 기업 가치를 판단하고 이를 현재의 가치로 환산한 것이다. 이를 다시 시장 가치와 비교하고 투자 여부를 가리는 분석 과정을 의미한다.

풀어 설명하자면 미래에는 이 기업의 주식이 큰 가치를 지닐 테지만 현재는 아직 낮은 가치를 지니고 있다. 그런데 이 가치는 시장이 과소평가해서 다소 싸게 형성되어 있으니 현재 사서 성장하길 기다리면 이득을 볼 수 있다. 즉 오랜 시간을 들여 투자하는 장기적인 투자 분석 방법이다.

▌기술적 분석이란

필자가 이 도서에서 강조하며 설명할 분석 방법이다. 기본적 분석이 회사의 재정상태나 상품을 분석하고 미래 가치를 내다보며 하는 분석이라면 기술적 분석은 차트를 보고 분석하는 방법이라 할 수 있다. 즉 기술적 분석은 차트를 분석하는 일련의 과정이다. 차트 분석 중에도 추세, 거래량,

이동평균선, 캔들, 각종 보조지표 등 많은 부분이 분석의 대상이 된다.

기술적 분석은 과거의 흐름이나 패턴을 찾아내서 미래를 예측하여 수익을 창출하는 것이 가장 큰 목적이다. 계산적인 예측을 통해 수익을 추구하고 이 근거를 바탕으로 매수와 매도의 근거를 찾는다. 뛰어난 기본적 분석가나 가치투자자라 할지라도 기술적 분석을 도외시할 수는 없다.

일반적 투자자의 경우 수익은 작게, 손실은 크게 입는 경우가 허다하다. 기술적 분석을 제대로 알게 된다면 이를 극복하기 위한 수단으로 활용할 수 있을 것이다.

적지 않은 투자자가 차트조차 보지 않고 주식가격만 보고 매매하고 차트를 이야기하면 도대체 무슨 소리인지 이해하기 어렵다는 반응을 보인다. 차트를 분석하는 많은 방법이 있지만 딱 두 가지만 강조하고자 한다. 바로 추세와 거래량이다.

차트를 보다 보면 특정 종목마다 일정한 연속성이나 패턴을 발견하게 된다. 예를 들어 외국인의 매매성향이나 기관의 매매성향 그리고 개인, 작전세력 등 각기 이들만의 성향이 차트에서 발견되는데 이러한 성향이나 패턴을 읽어내면 미래를 예측해 볼 수 있다. 즉 과거의 사례나 패턴을 살펴 미래의 주가 흐름을 예측하여 수익을 창출할 수 있다.

시장에 소위 자칭 전문가라는 사람들이 넘쳐난다. 이들의 식견이 어느 정도일지는 가늠하기 어렵지만 주식 리딩을 받으면서 피해를 보았다는 여러 투자자의 사연이 전해지거나 언론이 주식 리딩방 주의보까지 언급하는 것을 보면 그 전문가 집단의 식견을 대충 짐작할 만하다.

"주식은 예측하여 매수하고 대응하여 매도하는 것이다."

여기서 예측하는 일과 대응하는 영역 대부분이 기술적 분석의 핵심이다. 매수하고자 할 때는 기술적 분석에 얼마나 충실했는가 여부에 따라 승

패가 좌우된다. 또한, 매도는 대응이다. 이 부분도 90%는 기술적 분석 영역이고 나머지 10%는 직관이다. 주식 매매에서 기술적 분석이 차지하는 비중은 그만큼 어마어마하다.

▌뇌동매매와 기술적 분석

주가의 형성과정을 살펴보면 수요(매수자)와 공급(매도자)의 원리에 따라 움직인다. 수요가 많으면 주가는 상승하고, 공급이 많으면 주가는 하락한다. 경제 원리나 시장의 원리는 동일하다 볼 수 있다. 경제 원리와 시장(주식)의 원리 중 가장 현저히 차이 나는 것은 군중심리다. 주가가 상승하면 더 상승하기를 기대하면서 추격 매수를 하고 주가가 하락하면 더 하락할까 두려워 투매에 동참하게 된다. 주식투자자라면 누구나 겪어보는 일이고 이런 일들은 반복되기 쉽다. 이 부분은 어떻게 극복해야 할까?

필자의 경험으로는 기술적 분석 능력에 따라 이 부분은 상당히 극복할 수 있다. 주식의 매매는 거래량으로 표시된다. 거래량이 증가한다는 것은 해당 종목이 시장에 주목을 받고 이에 따라 주가도 상승할 가능성이 크다는 뜻이다. 반대로 거래량이 감소하면 시장의 관심에서 멀어지고 이는 주가 하락으로 나타나는 게 통상적이다. 이런 통상적이고, 일반적인 경우에서 벗어난 거래량의 급증이나 거래량의 급감은 추세의 전환 신호일 가능성이 매우 크다. 정리하면, 주가가 바닥권에 있는 종목이 어느 날 거래량이 급증하게 되면 곧 반등이 임박했다는 신호로 해석하고, 주가가 상승 중인 종목이 갑자기 거래량이 급증하게 되면 주가는 꼭지일 가능성이 크다고 해석한다. 이러한 통상적인 거래량의 해석을 바탕으로 거래량이 많이 증가할 때 추격 매수하기보다는 수익창출에 주력해야 하고, 주가가 바닥권에 있다면 매수를 고려해야 한다. 군중의 심리가 주가에 반영되는 상황을 거래량으로 확인하여 그런 거래량을 보고 주가가 바닥인지, 꼭지인지를 판단하는 기준으로 삼아 볼 수 있고 이런 기준이 생기게 된다면 뇌동매매와 투매에서 벗어 날 수 있을 것이다

▐ 기울어진 운동장

주식 시장은 일반 개인 투자자에게 매우 불리한 환경을 갖고 있다. 기관투자자, 외국인 투자자, 작전세력 등에 비하면 자금력, 결집력, 집중력 등 모든 면에서 불리하고, 공매도, 대차거래, 프로그램 매매 등 개인 투자자들이 쉽게 접근하지 못하는 조건 등 많은 부분에서 소위 개미들은 불리한 환경에서 투자 게임을 하게 된다. 그래서 혹자들은 기관, 외국인이 매수하는 종목을 추종하여 매수·매도하기도 한다. 그러나 이들의 매매를 액면 그대로만 해석할 수도 없기에 이 또한 신뢰할만한 투자방법은 아니다.

이런 환경에서 살아남고 수익을 창출하기란 그리 만만하지가 않다. 그렇다고 투자를 하지 않으면 왠지 뒤처지는 기분을 떨칠 수가 없고 투자에 참여해야 하는데 막상 뛰어들고 보니 손실이 지속되는 경우가 90%를 넘는다고 한다. 손실이 발생하기 시작하면서 불안, 초조감이 엄습하고 심리적 불안정은 단타로 이어져 짧은 시간에 반 토막 되기 쉽다. 이러한 부분을 어떻게 극복할 것인가? 쉬운 말로 공부하면 된다. 하지만 시중에 나와 있는 서적을 봐도, 영상 강의를 시청해도, 아니면 유료회원에 가입하여 리딩을 받아 봐도 답이 나오지 않는다. 그래서 포기하고 주식 시장을 떠나는 투자자도 제법 될 것이다. 기술적 분석의 영역은 매우 힘든 작업이다. 투자의 현인이라고 하는 워런 버핏도 처음 기술적 분석을 통해 매매하다가 한계에 부딪혀 가치투자로 전향한 사례를 보더라도 절대 쉽지 않은 공부다. 그러나 주식 투자를 위해서는 꼭 익혀야만 하는 공부이기도 하다.

▮ 기술적 분석의 한계

기술적 분석은 만능이 될 수는 없다. 현존하는 투자 기법 중에 만능 기법은 존재하지 않으며 앞으로도 그럴 것이다. 그 이유는 주식은 살아있는 생물과 같아서 늘 변화무쌍하고 무척 많은 변수로 인하여 예측하기가 매우 어렵다.

기술적 분석이 완벽하지 않음에도 불구하고 이런 일련의 분석을 통하여 확률을 높여야 한다. 예를 들어 확률 50%라고 할지라도 이런 분석을 통하여 손실을 최소화하고 수익을 극대화한다면 종국에는 수익을 창출할 수 있다. 주가를 움직이는 변수를 살펴보면 투자자의 심리, 모멘텀 즉 뉴스, 실적, 테마, 공시 등 여러 가지 요소가 복합적으로 작용하여 주가를 만들어낸다. 그 모든 변수를 일정한 데이터화 하여 측정할 방법도 없고, 이것이 시장에 어떤 영향을 줄지 섣불리 예단하기 매우 어렵다. 얼마나 어려운 영역이면 '신도 주가를 모른다'라고 할까? 분명 기술적 분석에는 한계가 내재하여 있다. 이러한 한계에도 불구하고 기술적 분석이 필요한 이유는 한마디로 '확률을 높이기 위함이다' 분석하여 예측하였을 때 확률이 51%만 되어도 의미가 있다. 잃지 않고 주식 투자를 할 수는 없다. 잃을 때 작게 잃고, 먹을 때 많이 먹는 방법을 연구하는 것이 기술적 분석이다. 필자는 기술적 분석의 최대 가치를 '손실의 최소화, 수익의 극대화 수단'이라 정의한다.

5. 추세는 모든 것을 이긴다

▌추세란

주식 차트에서 일정한 기간 일정한 방향으로 지속하는 것을 뜻한다. 추세는 한번 정해진 뒤로는 일정한 방향을 유지하며 잘 훼손되지 않는다. 따라서 한번 정해진 추세는 상당 기간 그 추세로 진행할 가능성이 매우 크다.

주식 투자에서는 기술적 분석은 필수적 사안이다. 그 가운데서도 알아보기 쉽고 가장 중요하게 생각해야 하는 것이 바로 추세다 '추세는 모든 것을 이긴다' 필자가 가장 좋아하는 말이고 자주 이 말을 쓴다. 종목을 선정할 때도 추세가 상승하는 종목을 발굴하는 것을 제 일 원칙으로 삼을 정도다.

▌상승 추세의 특성

추세는 한번 정해지면 그 성질에 의해 쉽사리 변하지 않는 특성이 있다. 이러한 특성을 이용하여 추세를 이용하여 매매하는 것을 추세 매매라고 한다. 상승 추세에 있는 종목은 지속 상승을 하려는 특성 때문에 일시적인 하락, 조정을 이용하여 저점매수가 가능하고 만약 고점에서 물렸다 판단될 때에도 웬만하면 보유하고 버티면 수익을 볼 가능성이 크다.

따라서, 종목을 선정할 때 상승 추세에 있는 종목을 우선 선택하는 것이 현명하다. 많은 투자자가 저점보다 너무 많이 상승하였다는 두려움 때문에 이런 상승 추세에 있는 종목을 마다하고 횡보하거나 하락하는 종목을 매수하는 경향이 있는데 이는 매우 위험한 선택이다.

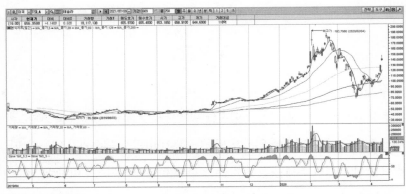

차트 2-1. 테슬라

차트 2-1은 미국 테슬라라는 종목이다. 지속 상승하던 종목이 외부 악재(코로나 19)를 만나 단기간에 급락하는 모습을 보인다. 혹자는 두려움에 매도할 수도 있고 혹자는 저점 매수에 가담할 수도 있을 것이다.

그러나 차트 2-2에서 보이듯이 상승 추세는 꺾이지 않고 계속 상승했다. 추세는 한꺼번에 꺾이지 않는다는 특성을 기억하고 이용해 저점 매수에 가담했다면 엄청난 수익을 거둘 수 있었다.

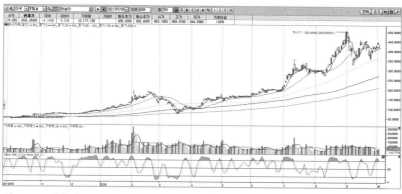

차트 2-2. 테슬라

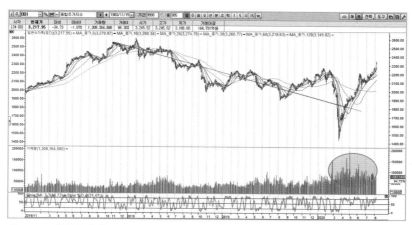

차트 2-3. 종합주가지수

차트 2-3은 코스피 지수 차트이다. 하락 추세에 있던 지수가 악재를 만나면서 더 크게 급락을 보여준다. 급락 당시 거래량을 보면 선도세력들의 저점매수 강도가 매우 크다는 걸 볼 수 있다.

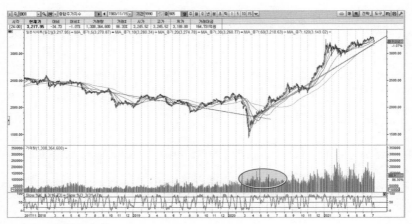

차트 2-4. 종합주가지수

    차트 2-4로 이후 거래량을 보면 전례 없이 거래량이 커지고 있다. 이것
은 코로나 19 극복을 위하여 전 세계적으로 돈을 시장에 공급하면서 부동
산, 주식 시장에 자금이 몰리면서 나타나는 현상으로 분석할 수 있고, 그
런 돈의 힘으로 상승하는 시장이 어디까지 상승 가능할지는 가늠하기 어
렵다.

    다만, 여기서 이야기하고자 하는 것은 상승 추세는 한꺼번에 꺾이지 않
는다는 특성을 이해하자는 것이다. 국내 지수나 미국 지수나 아직 조정을
염려할 만한 시그널이 없다. 그런 시그널은 분명 지수에 나타날 가능성이
매우 크므로 미리 걱정할 필요는 없을 것이다.

    차트 2-5의 추세를 보면 놀랍다. 어디에서 매수하였든 상관없이 수익이
날 가능성이 매우 크다. 상승 추세에서는 웬만하면 보유하고 가는 게 상책
이다. 또한, 고점에서 추격 매수를 하여 단기적으로는 손실이 발생이 되었
더라도 참아내는 게 상책이다.

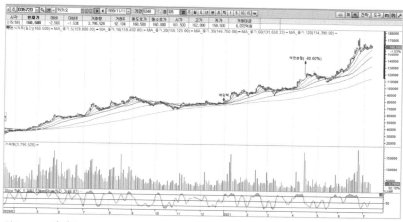

차트 2-5. 카카오

왜? 추세의 특성 때문이다. 모든 종목에 해당하지는 않지만, 확률상 80% 이상이다. 이만한 확률을 가진 기법은 세상 어디에도 없다. 따라서 필자가 가장 중요하게 생각하는 요건도 바로 추세이다. 주식 시장에서 100% 확률은 없다. 그런데도 추세는 높은 확률을 지닌다. 그렇다면 확률이 높은 추세를 이용하여 매매하는 것이 가장 좋은 방법이지 않을까? 개인 투자자가 처음 주식 시장에 입문하여 수익을 내는 경우가 많은데 그것은 본인의 실력이 좋아서가 아니라 추세 상승일 때 가담해서다. 추세가 좋은 종목은 웬만하면 갖고 가자!

▌하락 추세의 특성

하락 추세에서는 원칙적으로 매수하지 않는 게 상책이다. 위에 상승 추세에 있는 종목들은 저점에 비하여 너무 많이 상승하였다는 이유로 개인 투자자들이 많이 기피하고, 반대로 하락 추세에 있는 종목은 고점에 비하여 많이 하락했다는 이유로 개인 투자자들이 많이 매수하는 경향이 있다.

상승 추세나, 하락 추세 모두 추세는 한꺼번에 바뀌지 않는다.

하락 추세에서 보유하면 손실이 커질 가능성이 더 높다. 운이 좋아 수
익이 나더라도 잠깐일 뿐, 차익이 나지 못하면 본전 되고 손실이 난다. 왜?
추세가 하락이기 때문이다.

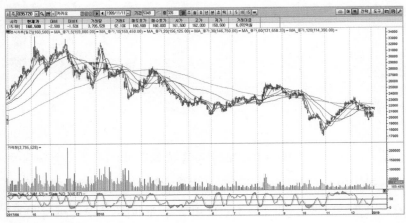

차트 2-6. 카카오

차트 2-6은 2017년 8월 카카오의 차트다. 2018년 1월까지 쌍봉이 아니라
다중봉을 주고 난 뒤 본격 하락 추세로 전환되었다. 하락 추세로 전환된
이후 어디에서 매수하였든 일시적인 수익은 날지 모르나 좀 더 보유하여
추매를 하였다면 손실이 지속 증가하게 된다. 2021년에도 카카오는 추세
가 전환되는 신호가 없다. 위에서처럼 저런 시그널을 확인하고 매도를 해
도 늦지 않다는 말이다.

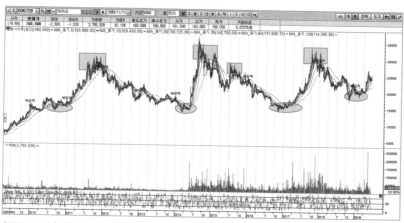

차트 2-7. 카카오

네모와 원 표시는 각각 추세 전환의 시그널이다. 컴퓨터를 켜고 이를 확대하여 보면 어떤 모양이 나오는지 명확하게 느낄 수 있다.

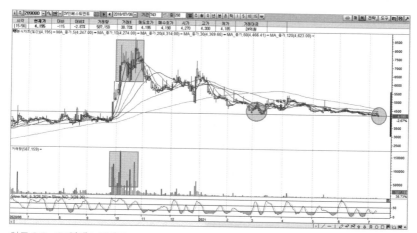

차트 2-8. SV인베스트먼트

차트2-8을 보면 고점 부근에서 거래량이 왕창 터지고 있다. 이것이 만약 매집의 일환이었다면 기간 조정이 너무 길다. 세력들 처지에서 보면 망하는 길이다. 그렇다면 고점 부근에서 누군가 매도세가 아주 강했다고 유추

해 볼 수 있는 대목이다. 원을 그려 놓은 두 지점에서 만약 저점 매수에 가담했다고 가정을 해 보자. 첫 번째 원에서 짧게 수익을 보고 나오지 않았다면 현재 손실 가능성이 매우 높고 두 번째 원에서 매수하였다면 반등의 시그널이 전혀 없는 상태이기 때문에 기술적 반등이 설령 나온다고 하더라도 짧은 반등만 기대해 볼 수 있는 시점이다. 따라서, 하락 추세가 여전히 진행 중인 종목에서 고점에 비하여 많이 하락했다는 이유만으로 매수에 가담한다면 손실이 날 확률이 매우 높다.

이처럼 하락 추세는 수익이 나더라도 작은 수익이 나고, 그렇지 못하면 손실이 계속 누적될 가능성이 매우 크기 때문에 하락 추세에 있는 종목은 매수하지 않는 게 상책이다.

▌횡보 추세의 특성

횡보한다는 것은 주가가 상승도 하락도 하지 않고 일정한 가격 내에서 상당 기간 이어지는 것을 말한다.

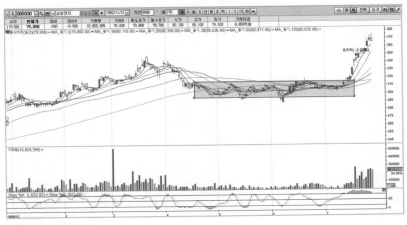

차트 2-9. 삼성전자

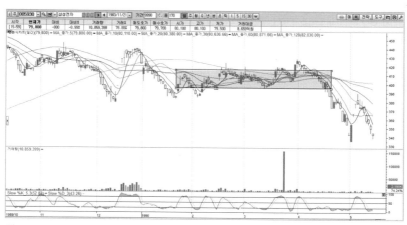

차트 2-10. 삼성전자

차트 2-9에서는 횡보 기간이 끝나고 주가가 횡보 구간을 상향 돌파하면 서 상승 추세가 나타났고, 차트 2-10에서는 횡보 기간이 끝나고 주가가 하 락하면서 하락 추세로 전환된다. 이처럼 횡보 추세에서는 어떤 매매도 하 기 어려운 시점이다. 위에서 보듯이 추세가 결정되고 난 다음 매수 또는 매 도를 진행하는 것이 좋다.

차트 2-11은 삼성전자 최근 모습이다.

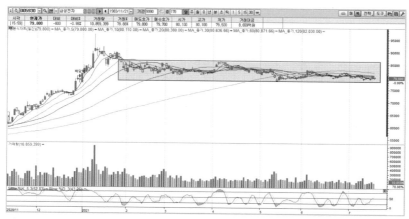

차트 2-11. 삼성전자

　상승 추세였던 종목이 2021년 초 이후 추세가 횡보 추세로 전환되었다. 위에서 보듯이 이 구간에서는 어떤 매매도 하기 어려운 시기다. 보유한 상태라면 보유를, 보유하지 않았다면 매수를 하기 어려운 시점이다. 상승인지 하락인지 추세가 결정되고 난 다음 매수 또는 매도를 진행해야 한다.

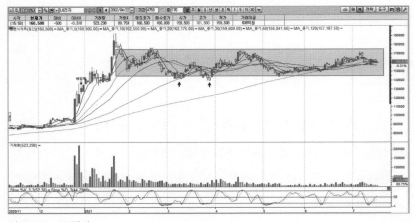

차트 2-12. LG전자

　차트 2-12는 LG전자 2021년 모습이다. 삼성전자처럼 횡보 추세에 있다. 이처럼 횡보하는 추세 속에서 잠깐씩 아래, 위로 벗어나는 경우가 생기는데 이때는 되돌림[1]을 확인해야 한다. 누차 강조하지만 정해진 추세가 이 추세를 상향 돌파하기 위해서는 거래량의 증가가 필요하므로 거래량 증가 없는 상승이라면 단기 고점일 가능성이 크다는 의미이고 반대로 하락 추세로 전환될 시점에서는 거래량의 증가 없이도 가능하다는 점에서 하락 시 매우 주의해야 한다.

---

1) 되돌림(retracement): 71페이지 '되돌림이란?' 참고.

차트 2-13. LG화학

LG화학에서 보듯이 거래량 증가 없이 박스권을 돌파하면 단기 매도 신호로 해석하고, 거래량이 증가하며 박스권을 돌파했다면 매수 또는 보유하는 것이 좋다.

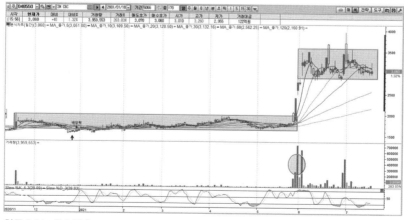

차트 2-14. SM C&C

네이버와 카카오에서 지분 인수를 위한 경쟁이 붙은 종목이다. 그 과정에서 거래량이 많이 증가하였다. 오랜 시간 바닥권에서 횡보하던 종목이 거래량이 증가하면서 박스권을 돌파할 때는 매수 신호로 해석한다. 주가가 한 단계 레벨업 된 상황에서 다시 횡보(눌림목)하는 모습을 보인다.

정리하면 횡보하는 추세에서는 그 어떤 매매도 하기 어려운 구간이다. 만약 저점을 노려 매수하더라도 기대 수익을 크게 잡아서는 곤란하고 추세를 이탈하려는 모습이 나타나더라도 잠시 되돌림을 확인할 필요가 있다. 따라서, 횡보 추세에서는 확실한 매수 시그널을 확인 후 매수에 참여하는 게 좋다. 철저히 저점을 공략하여 일정한 리스크를 용인하고 매수하거나 박스권을 돌파한 이후에 눌림을 이용하여 매수하는 방법을 권한다.

▌추세와 거래량

추세는 종목을 선정할 때 가장 유용한 지표이고 거래량은 주가를 예측하는데 가장 유용한 지표이다. 해서 주가의 선행지표는 없다고 말하는 게 통상적이지만, 연구해 본 결과로는 거래량이 주가의 선행지표 역할을 하는 경우가 많았다.

상승 추세에서 거래량의 변화를 통상적인 양적 개념의 거래량 분석을 통해 보자면,

상승 추세에서

거래량이 증가 → 추가 상승

거래량 감소 → 주가 정체, 추가 상승을 위한 기간 조정

거래량 급증 → 추세 전환의 신호로 매도 관점으로 해석한다

실전 사례 연구 1

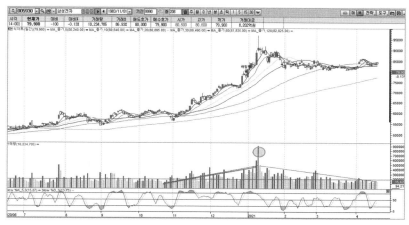

차트 2-15. 삼성전자

차트2-15를 보자. 2020년 3월을 바닥으로 상승 추세가 진행되었다. 2020년 11월부터 거래량의 증가세가 확연히 보인다. 상승 추세에서 거래량의 증가는 상승세가 강해진다는 걸 보여준다. 2021년 초 거래량이 급증하면서 단기 매도 신호가 발생 되고, 이후 기간 조정 국면으로 진행하였다. 이러한 기간 조정을 벗어나기 위해서는 거래량의 증가가 필수적이다. 이렇게 거래량의 흐름을 보면 주가를 일정 부분 예측이 가능하기에 필자는 주가의 선행지표는 거래량뿐이라고 주장 한다.

차트2-16은 2021년 최고 미인주다. 상승 추세에서 거래량이 급증하는 3곳이 있다. 단기적으로 매도하고 이후 거래량이 감소하는 자리를 찾아 재매수 하는, 거래량을 보고 매매하는 전략이 필요하다. 2020년보다 2021년 들어서서 상승 각도가 커지는 이유는 뭘까? 답은 역시 거래량의 증가다. 주

가가 왜 더 잘 상승하는지 그 원인을 알아야 한다. 거래량이 어떻게 형성
되는지에 따라서 주가의 운명은 달라진다.

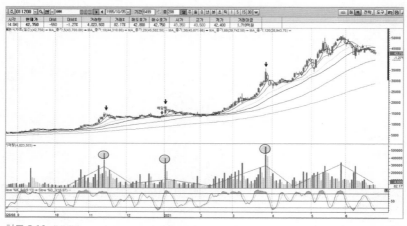

차트 2-16. HMM

급등했던 종목도 거래량 해석으로 매도 신호가 나오는 걸 알 수 있다. 차
트 2-17에서 첫째 네모는 바닥권에서 거래량이 증가하여 바닥이 임박했다
는 신호로 볼 수 있고 두 번째 네모는 주가가 급등 후 고점에서 나타난 거래
량 급증이므로 당연히 매도 신호로 해석해야 하는데 개인 투자자들은 이
매도 자리에서 많이 매수 한다. 왜 매수 했냐고 물어보면 대답이 일품이다.

"많이 떨어진 거 같아서."

고점 대비 많이 떨어졌다는 것이 매수 이유가 되는가? 그럼 반대로 저점
대비 엄청 올랐는데 말이다. 필자가 상담해 보면 솔직히 주식을 하지 말았
으면 생각이 드는 경우가 상당히 많다. 부디 독하게 공부하고 주식을 시작
하길 바란다.

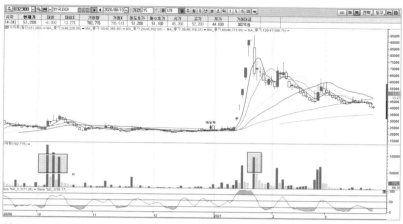

차트 2-17. 한국파마

하락 추세에서

거래량의 감소 → 주가 정체, 추가 하락

거래량이 증가 → 주가 하락 강도 강해진다

거래량이 급증 → 바닥 신호로 해석한다

실전 사례 연구 2

차트 2-18. 삼성전자

　큰 그림으로 보자. 주가 바닥권에서 거래량이 증가하면서 반등이 나오
는 것을 볼 수 있다. 하락 추세에 있는 종목은 쉽게 매수해서는 안 되지만
저가에 사고 싶은 욕심에 끝도 모르는 하락 중에 매수하는 투자자들도 많
이 보았다. 욕심에서 비롯된 잘못된 매매 행태이다. 추세가 하락이면 웬만
한 고수라도 수익 내기가 매우 어렵다. 자칫 물리면 된통 물린다. 그래서
종목선택 시 하락 추세 종목은 손대지 말아야 한다.

　하락 추세의 종목은 손대지 않는다. 원칙이다. 하락 추세에서 거래량이
감소하면 하락 강도가 약해지고, 거래량이 증가하면 하락 강도가 세진다.
상승 추세와 반대다. 차트 2-19에서 보듯이 하락 추세에서 갑자기 거래량
이 급증하면 이것은 반등 신호로 해석해도 큰 무리가 없다. 상승 추세에
있는 종목은 여러분이 어떻게 매매를 해도 버티고 있으면 수익이 날 가능

성이 크다. 반대로 하락 추세에 있는 종목은 즉각 매도하지 않으면 된통 물리고 버틸수록 손해다. 그러니 종목 선정할 때 추세가 얼마나 중요한지 알아야 한다. 하락 추세에서 상승 추세로 전환되는 종목은 거래량을 보고 일시적 기술적 반등인지 아니면 진짜 상승으로 전환 되는지 알 수 있어야 한다. 무엇으로? 거래량으로 추세 전환을 읽어 내야 한다.

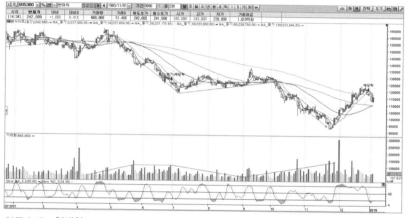

차트 2-19. 현대차

▍물타기의 함정

많은 투자자가 초기 매수 후 주가가 하락하면 소위 물타기를 한다. 물타기 하는 것은 반등[2]을 기대하고 하는 행위로 주가가 내려가는 것이 금방 멈추고 다시 오를 거라 기대하고 주가가 내려갔을 때 주식을 추가로 매수하는 것이다. 그렇다면 물타기 하는 과정에서 반등을 확인하고 물타기 하였는가? 묻고 싶다. 앞에서 추세가 가장 믿을 만한 투자 지표라고 강조하

---

2) 물가나 주식 따위의 시세가 떨어지다가 오르는 현상

였다. 물타기는 추세에 역행하는 행위이다. 매수 이후 주가가 하락하면 위
험관리에 나서야 함에도 반대로 추가 매수하여 매수 평균 단가를 낮춘다
고 애를 쓴다. 잠시 위안은 될 수 있다. 초기 매수 가격보다 낮아졌으니 말
이다.

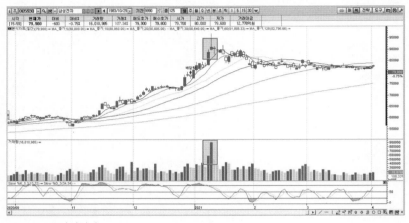

차트 2-20. 삼성전자

　차트 2-20에서 매도 이후에 내가 매도한 가격 위에서 매수 포인트를 잡
는다. 대부분 투자자는 실행하기 매우 어렵다. 이것은 다분히 심리적인 것
일 뿐이다. 내가 매도한 가격 이상에서 재매수를 하려니 손해 보는 기분이
든다. 그럴 바엔 갖고 있지. 여러분들은 본인이 함정에 빠져 있는지조차 인
지 못 하고 있다.

　내가 매수한 초기 가격보다 가격이 내려갔다면 추세는 어떻겠는가? 내
가 처음 매수한 가격보다 가격이 내려가면 물타기는 최대한 고민하라고
권하고 싶다. 내가 처음 매수한 가격보다 가격이 올라가면 추가매수를 적
극적으로 고려하라고 권하고 싶다. 이 말의 의미는 바로 '추세'를 보라는
것이다.

자신이 매수하여 주가가 상승하면 추세가 좋아지고 있다는 증거다. 따라서 추가매수를 고려해야 하고, 내가 매수하고 주가가 하락하면 추세가 나빠지고 있다는 증거이므로 물타기는 최대한 고민해야 한다는 것이다. 물타기는 고수의 영역이다. 일시적인 판단 실수로 반등을 확신하고 물타기 해서 손실을 최소화하기 위한 마지막 수단으로 사용하는 게 물타기다.

▌추세와 되돌림

되돌림이란? 한번 정해지면 쉽사리 방향을 전환하지 않으려는 추세의 성질을 실전에서 응용하는 기술로 일시적으로 추세가 이탈하는 경우가 종종 발생하는데 이때 추세 이탈로 즉각 손절 또는 매도할 것인지, 아니면 참고 보유하거나 매수 할 것인지 판단해야 한다. 이때 가장 중요한 기준이 바로 거래량이다.

단기 조정 시 거래량을 동반하면서 추세 이탈이 나오면 일단 매도하는 게 원칙이고 조정 시 거래량이 많지 않은 상태라면 보유 또는 단기 저점 매수 시그널로 해석한다.

사례를 통해 알아보자.

차트 2-21은 현대차 2020년 10월에 나타난 흐름이다. 고점이 낮아지는 모습과 저점이 낮아지는 모습으로 볼 때 추세 이탈이나 추세 전환을 염려해 볼 수 있는 자리였다. 그런데도 원 표시한 단기 저점 구간에서 매도하지 않는 이유는 추세는 한꺼번에 깨어지지 않는다는 성질을 알고 있기 때문이다. 필자가 자주 이런 말을 쓴다.

'하수는 되돌림을 확인하지 않고 매도하지만, 하수가 매도한 자리가 곧 단기 매수 자리라 고수는 저점매수 한다.'

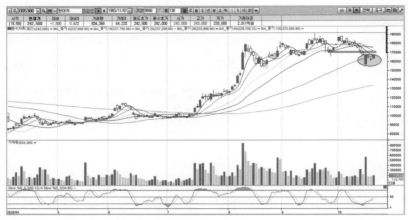

차트 2-21. 현대차

차트 2-22를 통해 이후를 살펴보면 하수의 매도 자리와 고수의 매수 자리가 어떤 결과를 가져오는지 확인할 수 있다. 늘 강조하지만, 하락 시 거래량을 주시해야 한다. 거래량을 상당히 동반하여 하락하였다면 일단 매도에 동참하는 게 원칙이다. 하지만 차트 2-22에서는 하락 시 거래량이 평소보다 적었다. 추세의 성질과 거래량의 모습을 보고 매수 시그널로 판독한다.

차트 2-23은 2021년 3월의 흐름이다. 고점이 낮아지고, 저점이 낮아지는 모습이다. 즉, 쌍봉 출현으로 매도 자리로 해석할 수 있는 자리고, 실제 매도를 하여도 분석상 잘못되었다고 할 수 없다. 여기서 하나 더 나가면 거래량이 제일 많은 상황에 있는 주가 위꼬리가 훼손되면서 급락이 나오는 걸 볼 수 있다. 즉, 제일 많은 거래량의 지지선 이탈과 함께 추세 이탈이 동시에 나오는 상황이라 추세 하락에 대한 우려가 심했을 시기다. 한 가지 위안이 되는 건 거래량이 증가 되지 않았다는 점이다. 만약 지지선 이탈, 추세 이탈로 판단하여 매도하였다고 가정하자.

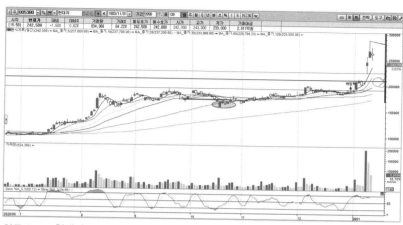

차트 2-22. 현대차

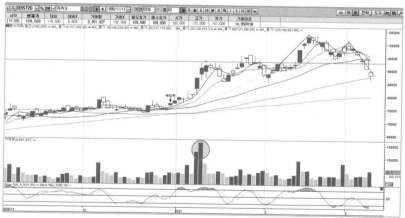

차트 2-23. 카카오

매도 이후 이 종목을 버렸다면 실수하는 것이다. 매도 이후에 다음날 추가 하락하여 역시 잘 팔았다고 스스로 칭찬하는 하루였다. 차트 2-24를 보자. 다음날 시초가를 보니 어제의 음봉이 섬이 되어 버리는 형국이라 여기서 매수에 참여할 수 있었다면 고수다. 추세와 지지선이 일시적으로 무너겨도 되돌림이 곧 나올 수 있는 것이 바로 추세가 상승 추세 이기 때문이다. 이후 카카오는 대한민국 최고 미인주가 되었다. 일봉에서 추세나 단기 매매하는 투자자로서 분봉을 보고 매매하는 것이나 원리는 비슷하다.

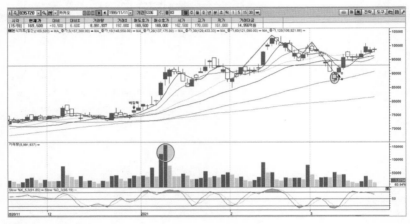

차트 2-24. 카카오

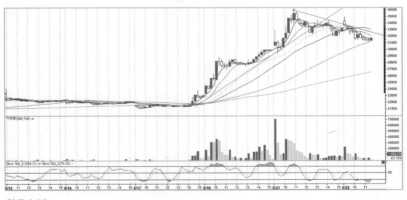

차트 2-25.

차트 2-25는 15분봉에서 단기 추세가 훼손되는 모습을 보여준다. 여러분께서 보유를 결정한다면 어떤 근거로 보유할 것인가? 여기에 답할 수 있었다면 이 책이 많은 도움이 되었다는 증거다. 그렇다. 거래량이다. 하락 가운데 거래량이 점차 감소한다는 것은 단기 급등에 따른 일종의 피로감 정도이지. 추세를 훼손하는 큰 힘을 가지지 못한다.

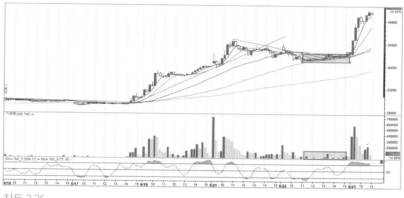

차트 2-26.

차트 2-26을 보자. 보유자라면 참아야 하는 자리고, 네모 부분에서 거래량이 현저히 감소하는 것을 보고 좀 더 확신해야 하는 상황이다.

▌핵심

추세의 성질을 이용하고, 거기에 대한 신뢰도를 높이기 위해선 반드시 거래량의 모습을 확인해야 한다. 하락 중 거래량이 상당히 동반하면 일단 매도에 동참하고 하락 중 거래량이 감소하거나 평소보다 작다면 되돌림을 보러 가야 한다. 상승 추세의 종목이 일시적 하락이 나오면 되돌림이 나타날 가능성이 크다 하락 시 거래량에 주목하면서 되돌림을 기다리는 것을 잘 이용하면 고수가 된다. 하수가 매도하는 자리에서 매수에 참여하고 하수가 추격 매수하여 거래량이 급증할 때는 던지고 나오라.

소위 전문가라는 집단들은 매수 가격 얼마, 손절 가격 얼마, 목표 가격 얼마를 제시하면서 리딩하지만 신도 그렇게 못 한다. 주식은 대응이다! 변화무쌍한 정글에서 살아남기 위해 몸부림쳐야 한다. 내가 손절하고 나니 주가는 상승한다. 그럼 당신은 하수다. 그 이유를 깨달아야 한다. 제시하는 매수 가격이 중요한 게 아니다. 되돌림은 실전에서 정말 강력한 무기가 된다. 되돌림을 이해하려면 많은 공부가 필요하겠지만, 성공을 꿈꾼다면 반드시 하라. 추세의 성질을 이용한 되돌림을 이해하면 내가 매도하고 나면 주가가 상승하는 일은 상당히 줄어들 것이다.

실전에서 가장 중요하게 여기는 지표가 추세다. 그다음이 거래량이다. 추세는 모든 것을 이긴다. 무슨 말인가 하면, 매수한 자리가 비록 높은 자리라고 하더라도 추세가 상승 추세에 있다면 되도록 손절하지 말 것을 권한다.

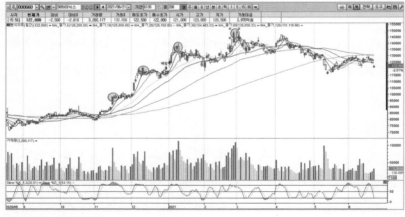

차트 2-27. SK하이닉스

차트 2-27을 보면 어디서 매수를 하였든 표시한 원 부분에서 매도할 자리는 없었다. 즉, 일정한 손절을 고민해야 하는 자리가 아니라는 것이다. 이유는 추세가 상승이기 때문이다. 추세는 한번 정해지면 관성의 법칙처럼 좀처럼 훼손되지 않는다는 성질을 이용하여 손절을 최대한 자제하고 버티는 것이다. 부자들은 엉덩이가 무겁다. 종목 선정도 매우 신중하지만 한번 매수하면 끝장을 본다. 매수하고 손절하고를 쉽게 몇 번 반복하면 결과는 비참해진다.

6. 주가의 지지선

▌지지선이란

주가가 더 이상 하락하지 않기 위해서는 어떤 장치가 필요하다. 이 장치가 지지선이다. 그럼 이 장치를 어떻게 설치해야 가장 안전하고 신뢰할 수 있을까? 실전에서는 이 부분이 상당히 큰 역할을 한다. 먼저 전제되어야 할 조건은 상승 추세여야 한다는 것이다. 이 대전제가 선행되지 않으면 아무런 의미가 없다. 이 전제가 갖춰졌다면 살펴볼 것은 갭과 전 고점, 이동평균선 그리고 필자가 개발한 기준거래량이다.

▌갭(GAP)

전일 종가와 다음날 시가가 차이 나는 경우 주식에서 갭이 발생했다고 한다. 갭이 생기는 대부분의 이유는 상승이나 하락이 강화된다는 점이다. 상승 시 갭이 나타나면 상승이 강해지고, 하락 시 갭이 나타나면 하락이 강해지는 현상이 매우 많다. 세력주의 경우 세력들이 일정 갭을 의도적으로 만드는 경우도 허다하다. 따라서 갭의 발생 이유에 관하여 사례를 통해 숙지하기 바란다.

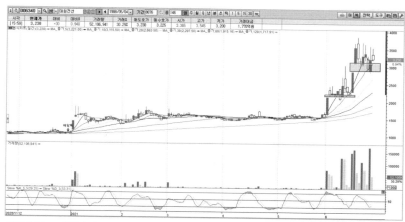

차트 2-28. 대원전선

차트 2-28을 보면 21년 6월 들어 거래량이 지속적으로 급증한다. 21년 초 의미 있는 거래량 이후에 지속 기간 조정을 거치고 21년 초 주가를 강하게 돌파한 이후에 갭이 생겼다. 그리고 6월 16일 다시 갭이 발생하고 이후 주가는 갭 상단을 지지하는 모습을 보여준다.

차트를 확대해서 보면 거래량이 클 때 주가가 상승하고 거래량이 감소하면 주가는 정체된다. 주가의 형성원리는 어디서나 적용된다.

높은 주가 위치에서 갭이 생기고 이것이 왜 지지력을 갖게 될까? 앞서 언급한대로 갭은 세력에 의해 만들어지는 경우와 특정한 이슈나 모멘텀을 통해서 만들어지는 경우로 나누어지는데 후자의 경우 갭의 지지력이 그다지 신뢰할 수 없다. 전자의 경우는 위 차트처럼 상당한 신뢰성을 보여준다.

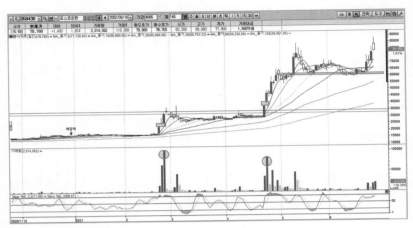

차트 2-29. 포스코강판

　　차트 2-29는 상승 시 갭이 발생하며 상승이 강화되는 모습이다. 이때 주
의할 점은 상승 갭 발생 시 거래량이 앞에 상승보다 작으면 신뢰성이 떨어
지므로 추격 매수는 자제할 필요가 있다. 가장 상단에 위치한 갭에서 앞
에 상승 시보다 거래량이 적어 조정이 들어오는 모습이 보이고 이후 갭이
지지선 역할을 하고 있다.

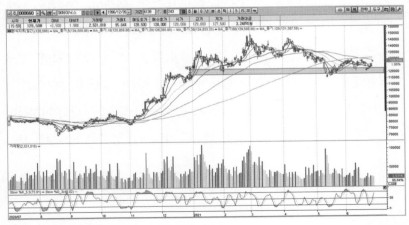

차트 2-30. SK하이닉스

　　눌림 조정을 돌파하는 갭이 3차례 나타난다.

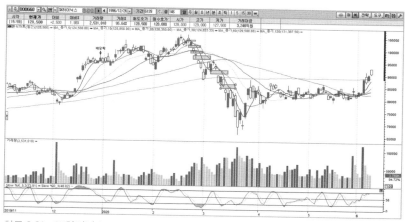

차트 2-31. SK하이닉스

차트 2-31을 보면 2020년 2월 고점 부근에서 갭 하락이 연속적으로 나타난다. 갭이 연속적으로 나타나면 하락 강도가 매우 강하다는 의미이므로 즉각 매도해야 한다.

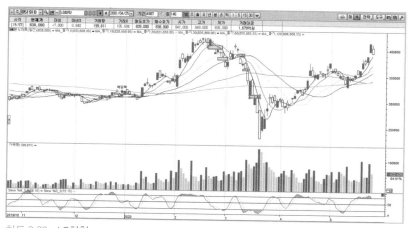

차트 2-32. LG화학

상승할 때 갭은 상승을 강화시키고 하락 할 때 갭은 하락을 강화시킨다는 점을 꼭 기억하자.

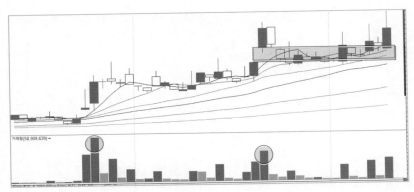

차트 2-33.

차트 2-33을 보면 가장 큰 거래량(기준거래량)이 생기고 난 뒤에 일정한 눌림 조정이 이어지다가 거래량을 증가시키면서 상승 갭이 발생하였다(두 번째 원). 갭 자리를 네모난 박스로 표시하였는데 갭의 하단을 지속 지지 해 주는 모습을 보여주며 이런 경우에 두 번째 원 캔들 상단을 돌파할 때 는 급등이 나타날 가능성이 크다.

해당사의 경우 대선 테마주로 후발주로 시장에 인식되었으나 꾸준히 특 정 세력의 매집 흔적이 보였고 두 번째 원에서 갭이 발생한 것으로 보아 추가 상승을 준비하는 과정으로 필자는 해석해 보았다.

차트 2-34를 보면 제일 큰 거래량(기준거래량) 주변에 상당히 큰 거래량 들이 모여 있고, 갭이 발생한 경우다. 이때 모여 있는 큰 거래량들이 각각 의 미가 있어서 갭 하나로만 판단하기는 쉽지 않은 상황으로 보인다. 두산중 공업은 소형원전이 바이든 행정부에서 먼저 대두하면서 주가가 크게 상승 하게 된 계기가 되었고 대량거래가 연속적으로 발생한 이후 피로감에 상당 기간 쉬어가는 모습으로 보이며 그 중심에 갭이 위치하고 있다는 점으로 보 아 갭 상단을 상향 돌파하여 안착한다면 주가는 추가 상승이 강해질 것으 로 예측된다.

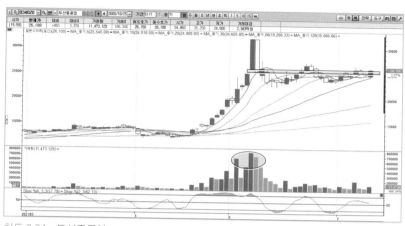

차트 2-34. 두산중공업

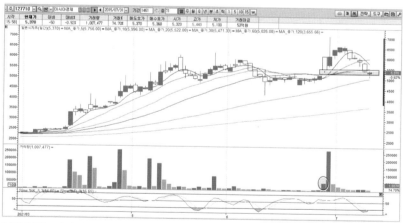

차트 2-35. 아시아경제

차트 2-35에서 갭이 발생한 자리의 거래량을 보면 크지 않은 거래량임에도 불구하고 뒤에 나온 거래량의 지지력보다 강한 신뢰도를 보여주는 듯하다. 이처럼 갭이라는 것은 특정 의도를 갖고 발생하는 경우가 매우 많기 때문에 많은 거래량과 함께 있는 갭은 무시하지 말아야 한다.

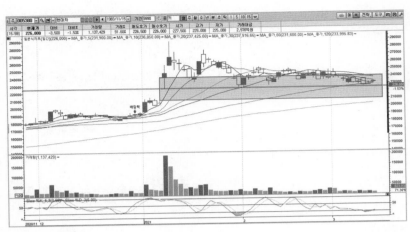

차트 2-36. 현대차

가장 큰 거래량(기준거래량)과 함께 갭이 발생하였다. 이후 피로감으로 주가가 상승하지 못하고 지루한 기간 조정으로 진입한다. 차트 2-36 사례에서 갭의 크기가 매우 커서 주가의 진폭도 다소 커질 수 있다. 이런 기간 조정이 길어지면 추가 상승하기보다는 일정 하락 위험성도 내포하고 있는데 그 이유는 실망 매물이 언제든 나올 수 있는 환경이 조성되기 때문이다.

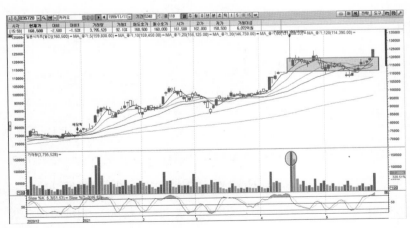

차트 2-37. 카카오

차트 2-37은 2020년부터 21년 상반기까지 최고 미인주로 등극하고 있는 종목이다. 원으로 표시한 거래량(기준거래량) 자리에 발생한 갭이 보인다. 갭의 하단이 결과적으로 저점매수 자리였고, 갭 상단을 돌파하는 자리가 고점매수 자리였다. 차트 2-36 〈현대차〉의 경우 갭의 기간 조정이 길어서 추가 하락 위험성도 내포한 상황이지만 차트의 경우는 추가 상승이 매우 기대되는 상황이다.

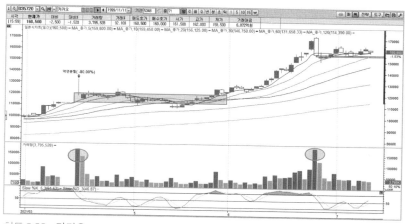

차트 2-38. 카카오

이후 진행 상황을 보면 빠른 급등이 이어진 다음 새로운 거래량(기준거래량)이 발생한 시점에 장대 음봉이 생기고 다음 날 갭 하락이 나온 상태이다. 이런 경우 거의 90%는 추가 하락이 나오지만, 해당 차트는 버티고 있다.

그럼 이런 버팀이 얼마나 지속할 수 있을까? 빠른 시일 내에 최고점을 돌파하지 못하고, 기간 조정이 길어지면 조정 가능성도 열어두어야 하는 상황이다. 다만, 눌림조정 구간에서 거래량의 밀집도를 보면 예상컨대 한 달 이내에 방향을 잡을 가능성이 매우 크다.

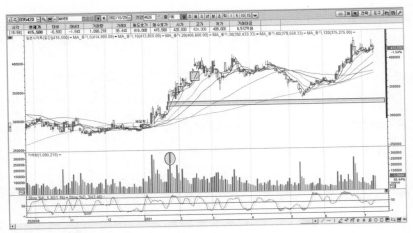

차트 2-39. NAVER

　　많은 거래량(기준거래량)과 함께 발생한 갭은 그 의미가 매우 크다. 상당 기간이 지난 후에도 그 가치를 증명해 낸다. 1월 중순 발생한 갭과 그 뒤에 나타난 2번의 갭이 어떤 차이가 있고 왜 그런 차이가 있는지 분석해 보면 답은 거래량에 있었다. 따라서, 대량거래량(기준거래량)을 동반한 갭은 상당한 의미가 있으므로 반드시 지지선을 그어두어야 한다.

▌전 고점

　　전(직전) 고점은 대부분 저항의 역할을 한다. 전 고점을 상향 돌파한 상황이라면 당연히 지지선 역할을 하게 된다. 우리가 너무나 쉽게 간과하는 것 하나가 거래량 추이다. 필자가 계속 강조하지만 '주가는 거래량의 그림자'라는 명제를 반드시 기억해 두기 바란다. 차트 2-40 〈2020년 11월 SK하이닉스〉 주가를 보고 있다. 주가가 왜 전 고점을 상향 돌파하면서 지속 상승하였는지 그 이유가 무엇일까? 바로, 거래량이다. 거래량이 전 고점을 상향 돌파할 때마다 증가하고 있는 것을 볼 수 있다.

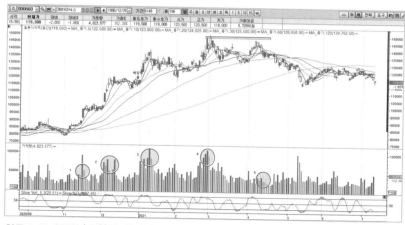

차트 2-40. 2020년 11월 SK 하이닉스

2021년 4월에는 전 고점을 상향 돌파를 시도하고 있지만 실패하는 원인이 무엇일까? 바로 거래량이다. 거래량이 지난 3월의 거래량보다 훨씬 못미치게 생성되면서 쌍봉 모습을 보여주고 하락으로 전환하게 된다. 쌍봉에서 매도하라는 말은 익히 알고 있지만, 그것을 미리 알아차리고 대응할 방법은 유일하게 거래량의 분석뿐이다.

차트 2-41은 2021년 현대차 모습이다. 1월 초 애플과 협업을 통하여 전기차에 대한 테슬라를 견제한다는 소식으로 주가가 단기 급등을 하게 된다. 이때, 수많은 투자자가 매수에 몰리는 시점이었다.

이런 대량거래는 이 주가를 상향 돌파하기 위해서는 엄청난 힘이 필요해 조정이 임박하고 있음을 감지해야 한다. 불나방처럼 불을 보고 뛰어드는 형국이나 마찬가지로 달리 말하면 내가 매수하면 주가는 내려간다는 말의 이유가 여기에 있다. 동사 거래량을 먼저 살펴보면 2021년 1월 모멘텀으로 인해 거래량이 급증하고 이후 1월 중순 재차 고점을 상향 돌파 시도가 한차례 나타났으나 실패한 원인은 거래량이 그만큼 미치지 못했기 때문이다.

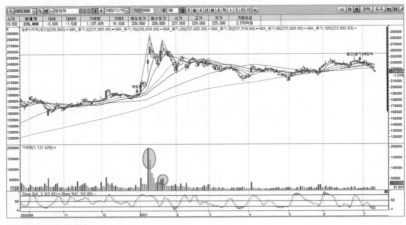

차트 2-41. 현대차

주가 흐름을 보면 쌍봉 모습을 보여주고 난 뒤 지속 하락세를 면치 못하고 있는 실정이다. 이렇게 기간 조정을 거치고 나면 앞에 기준거래량보다 적은 거래량으로도 상향 돌파를 할 수 있는데 그 이유는 고점에서 추격 매수한 많은 투자자가 이미 손절하고 나갔을 가능성이 크기에 그러하다. 즉 손 바뀜이 기간 조정 구간에서 지속적으로 일어나고 있기 때문이다. 겉으로는 조용한 주가이지만 그 속을 파헤쳐 보면 이런 분석이 가능해진다.

세계시장 경기 회복으로 인해 물동량이 급속히 증가하여 해운 선사들의 수익 개선 속도가 상당히 빨라지면서 주가도 지속 상승세를 보여주고 있다. 이처럼 모멘텀 중에 실적 모멘텀은 가장 확실한 재료이다.

차트 2-42에서 아래 거래량 모습을 보면 거래량이 불쑥 증가하고 난 뒤 일정 기간 조정을 거치고 이후 다시 거래량이 불쑥 증가하면서 주가는 레벨

업을 반복한다. 2021년 4월 기준거래량이 발생한 이후에 기간 조정도 그리
길지 않은 상황에서 적은 거래량으로 저항선을 돌파하는 모습을 보면 위
에서 소개한 현대차, SK 하이닉스와 다른 모습을 보인다.

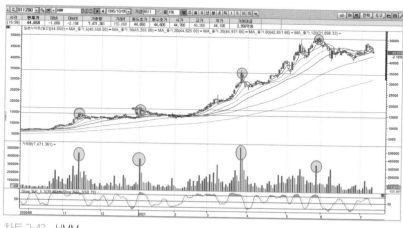

차트 2-42. HMM

왜 이런 현상이 생기는 걸까?

필자가 거래량 분석을 할 때 두 가지 방법론으로 접근할 것을 주문하였
다. 하나는 양적 개념의 거래량 분석이고 또 하나는 질적 개념의 거래량
분석 방법이다

HMM의 경우 양적 개념의 거래량 분석으로 해석되지 않는 상황에서
질적 개념으로 접근해 보자. 질적 개념의 거래량 분석의 전제는 일정한 주
체가 매집하였을 것이라는 명제를 갖고 있다. 그 일정 주체가 작전세력이
될 수도 있고, 기관이나 외국인이 될 수도 있다.

차트 2-43은 HMM의 1년간 기관, 외국인의 누적 순매수 동향을 보여준
다. 2021년부터 외국인의 순매수가 시작되고 그 강도가 한동안 매우 강함
을 보여주고 있다. 동사의 경우 외국인이 매집세력이라고 해도 무방하다.

그렇다면 질적 개념의 거래량 분석으로 해석해 보면 2021년 3월에 발생한 기준거래량보다 더 적은 거래량으로도 저항선을 상향 돌파한 이유가 밝혀진 셈이다.

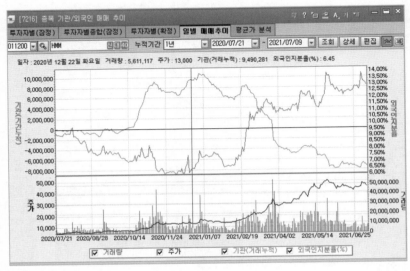

차트 2-43. HMM

2021년 6월 중순부터 거래량이 현저히 감소하고 있음에도 주가가 쉽게 하락하지 않고 있다는 점으로 볼 때 외국인의 매집으로 시장에 유통되는 주식 수가 많이 감소하고 있다고 추측할 수 있으며, 이들 외국인이 급하게 매도로 전환되지 않는 이상 주가도 쉽게 하락하지 않을 것이라는 전망을 해 볼 수 있다.

▌이동평균선

3, 5, 10, 20, 30, 50, 60, 120일 등 이들의 숫자는 주가를 각 일수로 나누어 평균치를 내고 이들을 점으로 표시한 뒤 이를 모두 연결한 것이다. 10

일 이동평균선은 10일 동안 주가를 평균하여 선으로 표시한 것으로 이들이 하는 역할은 지지선, 저항선인 경우가 많다.

이동평균선이 역배열이면 주가가 장기간 하락 할 때 발생하고 반대로 정배열(이동평균선이 아래에서 위로 올라갈수록 기간이 짧음)은 주가가 지속 상승하고 있다는 걸 의미하므로 되도록 정배열 상태에 있는 종목으로 접근하는 게 좋다.

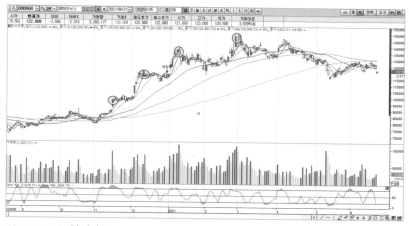

차트 2-44. SK하이닉스

차트 2-44는 주가 상승이 나타나면서 이동평균선이 정배열 되는 모습이다. 즉, 추세가 좋다는 말과 유사하다.

차트 2-45를 보면 주가 하락이 이어지면서 이동평균선이 역배열이 나타난다. 정배열에서 역배열로, 역배열에서 정배열로 전환되기 위해서는 일정한 기간조정(주가는 거의 일정하면서 시간이 경과할 때)을 거치게 된다. 이러한 기간 조정 구간에서 저점매수 기회나 고점매도 기회가 생기는 경우가 많다.

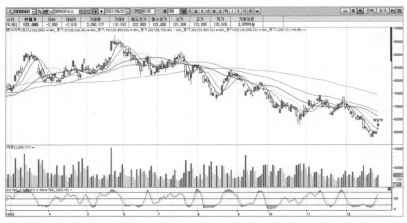

차트 2-45. SK하이닉스

　　차트 2-44와 2-45에서 보듯이 정배열에서는 이동평균선이 지지선 역할
을 하게 되고, 역배열에서는 저항 역할을 하게 된다.

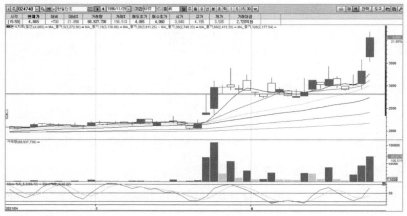

차트 2-46. 한일단조

　　대선을 준비하는 해는 당연히 대선 관련주가 시장에 주목을 받고, 이를
세력들은 절대 놓치지 않는다. 차트 2-46 〈한일단조〉는 최재형 감사원장
이 야권 윤석열 대항마로 부상하면서 거래량 급증과 함께 주가가 상승하
는 과정을 보여 준다. 2021년 05월 21일 초대형 거래량이 발생하고 전, 후

로 장중 고점과 저점이 우연히도 거의 일치하는 것을 볼 수 있고 이 가격이 지지력을 갖고 있음을 알게 된다.

여기서 말하고 싶은 것은 거래량이 폭발적으로 증가할 때는 한발 물러서서 관망하다가 거래량이 급감하는 자리를 찾고, 지지선을 찾아 매수 가담하라는 것이다. 대부분의 투자자는 거래량이 급증하는 자리에서 추격 매수를 한다. 그러면 이내 물리거나 손절하게 되는 경우가 많다.

거래량이 급감하는 자리를 찾아 매수하면 잃더라도 조금만 잃을 수 있다. 그렇지 않고 거래량이 터지는데 추격 매수를 하면 손절의 폭이 상당히 클 수 있다. 차트 2-46에서 거래량이 감소하면 단기 바닥이고, 거래량이 증가하면서 상승을 하는 모습으로 볼 때 주가의 위치를 보고 매매 하는 것이 아니라 거래량을 보고 매매 여부를 판단해야 한다.

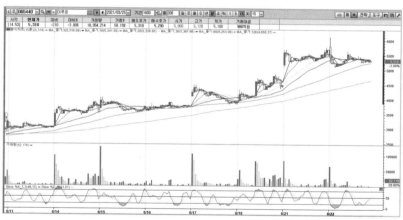

차트 2-47. 이루온

15분봉이다. 거래량이 급증하고 나면 곧 조정이 들어온다. 이것은 거래량이 점증적으로 상승하지 않고 단기간 급증함으로써 에너지가 일시에 과도하게 소진되어 이후 주가 조정이 나타난다고 해석해야 한다. 따라서, 단기 매매를 하더라도 최소한 거래량이 급증하는 자리에서는 매수하지

말고(매도), 거래량이 바닥인 자리에서 매도하지 말아야(매수) 한다. 단기
매매에서 양적 개념인 거래량의 움직임을 기억하자 그럼 왜 이런 현상이
생기나?

거래량이 급증한다는 것은 일시에 매수자가 몰린다는 것이다. 즉 상승
기대한 투자자들이 그만큼 많다는 것이며 대부분 단기 모멘텀이나 재료
에 따라 나타나는 경우도 많다.

이유야 어쨌든, 매수자가 갑자기 증가하면 주가도 갑자기 급상승할 가
능성이 매우 높고 이때 고수들은 매도한다. 많은 투자자가 기대하고 매수
들어 올 때 고수는 빠져나가는 형국이 된다.

차트 2-48. 이루온

분봉에서 단기 기준거래량이 생긴다. 기준거래량이 생기면 캔들의 몸통
상단이 지지선 역할을 해야 추가적인 상승 가능성이 높아진다. 차트 2-48
을 보면 6월 14일 1번 지지선 확인 후 매수, 2번에서는 매수·매도 기회가 없
고 3번은 2번을 지지선 삼고, 4번은 3번을 지지선 삼고 5번은 갭 상승이
너무 높아서 당일 시가가 지지선 역할 한다. 그리고 이틀간 고점이 거의 일

정하다. 여기서 주목해야 할 점은 거래량이 급증한 자리에서 매수하기보다는 일정 조정을 확인 후 지지선(거래량 급증자리)이 역할을 충실히 하는지를 확인해야 한다는 것이다.

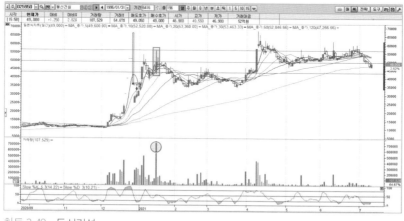

차트 2-49. 동신건설

2020년 7월 이재명 경기도지사 대법원 무죄 확정판결로 인하여 여권 대선주자로 급속히 부각되면서 주가가 한차례 크게 상승했고 2020년 12월 거래량의 급증으로 인하여 초급등 양상을 보여주었다.

차트 2-49를 보면 2021년 1월 중순 기준거래량이 발생한 이후에는 4월 한차례 기준거래량의 주가를 상회한 적이 있었으나 그것을 제외하면 모두 기준거래량에 있는 캔들 위꼬리를 넘어서질 못하고 있다. 이 기준거래량의 크기가 어마어마해서 쉽사리 돌파하기란 쉽지 않은 상황이지만 기간 조정을 충분히 거치면서 저항을 천천히 벗겨 내는 중일지도 모르겠다.

개인 투자자라면 급등주 대부분 좋아하지만, 매수의 맥이 있다. 즉, 거래량을 동반하며 돌파해 안착하는 저항선을 확인 후 고점매수 하는 방법이 현명하지 않을까 생각해 본다.

7. 매매의 기준이 되는 기준거래량과 기준차트

▌기준거래량이란?

실전에서 반드시 알아야 하고 아무리 강조해도 지나치지 않은 것이 기준거래량이다. 필자가 명명한 것이라 생소할 것이지만, 이것은 향후 주가의 추세를 판독하기 위한 하나의 방편으로 어떤 기준이 될 수 있다는 의미에서 붙였다. 뒤에 차트로 예시를 들 것인데 이 기준거래량의 의미는 상당히 명확한 편이어서 투자자들은 반드시 알아야 한다.

'거래량 중에서 최근 기간(6개월~1년) 동안 가장 많은 거래량'을 기준거래량이라 정의한다. 기간은 유연하게 접근하여 설정할 수 있으며 추세의 변화에 기준거래량이 하나의 신호로 활용될 수 있다.

▌지지선과 저항선까지 설정하는 기준거래량

차트를 보다 보면 주가가 특정 가격대 밑으로는 잘 내려가지 않고, 올라도 특정 가격대 이상으로는 오르지 않는 듯한 형세를 보일 때가 많다. 이런 차트에서 지지선은 주가가 일정 이상 하락하지 않고 지탱해주는 선을 의미하며 저항선은 역으로 주가가 더 상승하지 않고 막는 역할을 하는 선을 의미한다. 기준거래량은 이런 지지선과 저항선까지 설정한다.

▌기준거래량으로 지지선과 저항선 설정

기준거래량에 위치한 주가의 캔들 모습을 보면 위꼬리, 아래꼬리, 아래, 위 동시에 꼬리가 있는 경우 또는 몸통만 있는 경우로 나눌 수 있는데 기준 거래량의 위치에 있는 주가의 캔들을 기준으로 하여 위꼬리 상단이 1차 지 지선, 몸통 상단을 2차 지지선, 몸통 하단을 3차 지지선으로 설정할 수 있다.

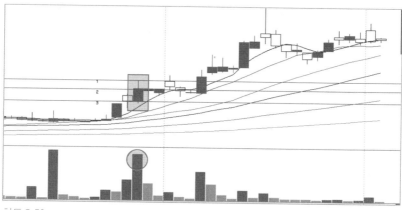

차트 2-50.

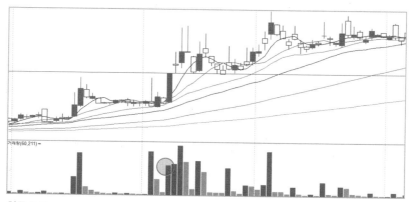

차트 2-51.

 추세가 강한 종목일수록 1차 지지선에서 주가가 더 이상 하락하지 않는
경향이 있다. 만약 3차 지지선까지 주가가 내려가면 다시 회복하기 힘들
다. 차트 2-51의 경우처럼 기준거래량에 몸통만 있는 캔들은 몸통 상단이
지지선 역할을 할 가능성이 크다.

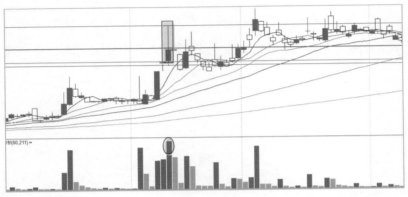

차트 2-52.

 차트 2-52를 보면 기준거래량에 위치한 캔들 모습이 위꼬리가 아주 길
고, 아래꼬리는 짧은 모습을 가졌다. 이는 시가(시작가격)보다 더 낮은 가
격으로 매도하려는 투자자가 적다는 말로 해석한다. 몸통의 상단 위로 주
가가 상승한 이후에는 상단이 지속적으로 지지선 역할을 하고 반면 위꼬
리 상단은 저항 역할을 하고 있다.

 차트 2-53은 기준거래량이 발생하고 캔들 몸통 상단과 위꼬리가 지지
선 역할을 하고 있다. 매수 자리는 위꼬리 상단 지지선을 깨면 곧 매수 신
호다.

 차트 2-54를 보면 기준거래량이 발생한 캔들 모습의 아래, 위꼬리를 길
게 가진 음봉을 하고 있다. 이런 형태는 매도, 매수의 힘이 거의 비슷하다
는 의미로 해석하고 이때 아래꼬리 하단이 최종 지지선 역할을 한다. 장중

에 일시적으로 꼬리 하단을 침범하기는 하였으나 종가 상으로는 침범된 적이 없다. 거래량으로 보아 조만간 반등이 나올 가능성이 크다고 보는데 그 이유는 위에서 언급한 것처럼 거래량이 급속히 감소하기 때문이다.

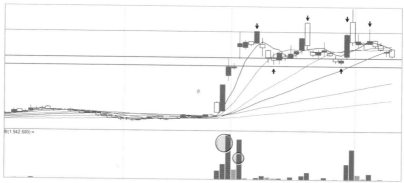

차트 2-53.

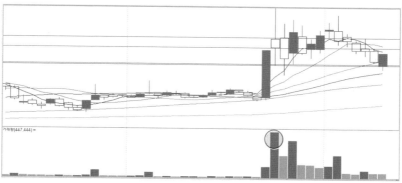

차트 2-54.

차트 2-55는 기준거래량이 생기고 그 자리에 캔들 모습이 꼬리가 거의 없는 상황으로 매수세가 강하다는 의미로 해석된다. 몸통 하단이 1차 지지 선 역할을 한 이후에는 몸통 상단이 지지선 역할을 하면서 거래량이 증가 하기 시작하면서 주가도 급등하게 된다.

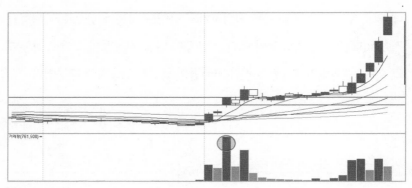

차트 2-55.

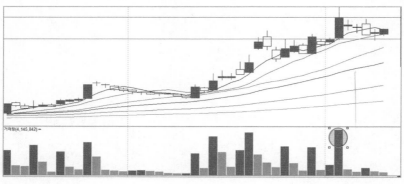

차트 2-56.

차트 2-56에서는 주가가 상당히 많이 상승한 시점에서 가장 큰 거래량
이 발생, 그 자리 캔들 모습을 보면 위꼬리만 있는 모습으로 이 경우 시가
(시작가격) 아래로는 매도자가 팔지 않겠다는 의미로 해석해 볼 수 있다.
몸통 하단이 지지선 역할을 하고 있고, 이 경우 거래량이 증가한다면 주가
는 추가 상승할 가능성이 크다고 예측된다.

실전 사례 연구 3. 피에스엠씨

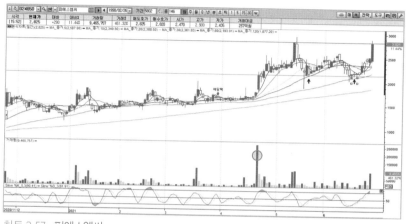

차트 2-57. 피에스엠씨

지속 횡보하던 주가가 2021년 4월 갑자기 대량거래량을 발생하면서 기준거래량이 생긴다. 다음날 급등에 따른 일시적 눌림이 생기지만 지지력을 보여주고 있다. 이후 주가는 일정한 박스권을 형성하는 과정에서 기준거래량의 주가 상단이 지지선 역할을 하고 있는 걸 확인할 수 있다. 종목 선정 시 기준거래량 아래에 있는 종목은 피하라고 하였다. 그 이유는 기준거래량이 강한 지지선과 저항 역할을 하는데 주가가 기준거래량 아래에 자리 잡고 있다면 강한 저항 역할을 하므로 이런 종목은 피하라 라는 것이다. 반대로 기준거래량 위에서 위치한 주가는 기준거래량이 강한 지지선 역할을 하므로 이런 지지선을 의지하여 저점매수에 가담할 수 있다.

실전 사례 연구 4. 휘닉스소재

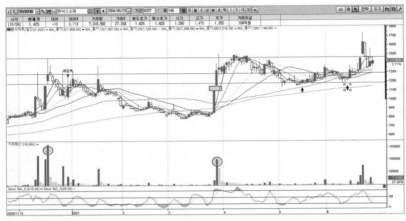

차트 2-58. 휘닉스소재

2020년 12월 기준거래량 발생, 4일 전 의미 있는 거래량이 발생하였으나 곧바로 저점이 훼손, 기준거래량 발생 이후에도 곧바로 지지선이 훼손되면서 추가 조정이 가능하다는 예상을 해 볼 수 있는 대목이다. 이처럼 기준거래량이 발생한 이후가 아주 중요하다.

21년 3월 말 경 의미 있는 거래량이 나오고 난 뒤 비로소 앞에 기준거래량이 지지선 역할을 보여주기 시작한다. 이처럼 기준거래량 발생 이후에 주가가 어떤 모습을 가지는지가 매우 중요하므로 기준거래량이 발생한 종목은 2~3일 꼭 관찰할 것을 권한다.

강조하는 사항은 기준거래량은 매매 기준을 마련하기 위해 만든 장치이다. 이 장치가 제대로 작동되는지 확인이 필요한 시간을 우리는 2~3일 정도 설정을 하였다. 그리고 매수에 들어갈 때는 거래량이 한산한 자리에서 들어가야 한다.

실전 사례 연구 5. 아시아경제

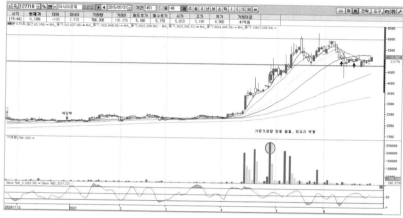

차트 2-59. 아시아경제

대량거래량이 연속적으로 나타나고 주가가 거침없이 상승하다가 기준
거래량이 발생한 이후 거래량이 감소하면서 주가도 정체되기 시작한다.
이때 기준거래량이 조정마다 지지선 역할을 하는 것을 분명히 보여준다.

실전 사례 연구 6. 피엘씨

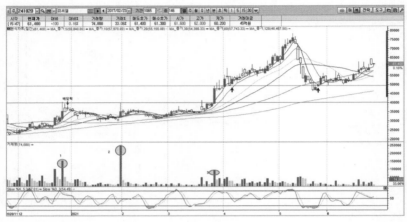

차트 2-60. 피엘씨

1번에서 의미 있는 거래량이 발생하였으나 이후 곧바로 주가 조정이 나오면서 매수 신호가 발생하지 않았고, 2번 기준거래량이 발생한 이후에도 역시 매수 신호가 발생하지 않는다. 3개월이 지난 후 의미 있는 거래량과 함께 기준거래량 주가를 돌파하는 강한 양봉이 출현했고 이후 며칠간 주가가 하락 하지 않는 것으로 보아 추가 상승 가능성이 커 보이는 시점이다.

이 차트에서 알 수 있는 것은 기준거래량 아래에서는 매수하면 상당 기간 힘들어진다는 점이다.

실전 사례 연구 7. LG헬로비전

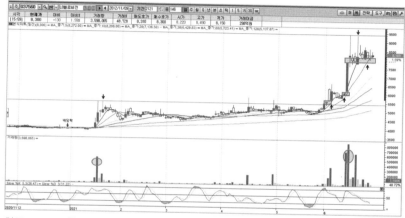

차트 2-61. LG헬로비전

21년 초 당기 기준거래량 발생. 이후 며칠 동안 지지력을 보여주었으나 거래량이 지속 감소하면서 상승이 없었다. 21년 6월 첫 기준거래량을 돌파하고 안착하는 모습이 나왔고 이후 초대형 거래량이 나오면서 주가는 한 단계 업그레이드한다.

⨺ 실전 사례 연구 8. 카카오

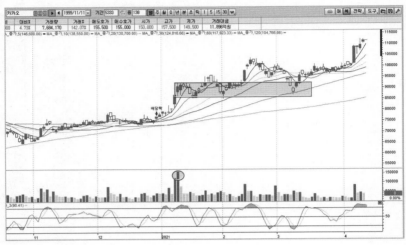

차트 2-62. 카카오

2021년 01월 11일 준거래량이 발생했다. 네모난 박스를 보면 기준거래량의 주가 상단을 돌파한 후 일정한 지지력을 보여준다.

실전 사례 연구 9. HMM

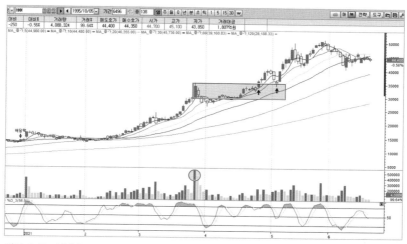

차트 2-63. HMM

2021년 3월 26일 기준거래량이 발생했다. 기준거래량의 주가를 돌파하고 난 뒤 조정 시기에 지지선으로 활용된다. 기준거래량의 양봉 몸통, 위꼬리가 지지선 역할을 하는 것이다.

대량거래를 동반한 양봉에서 몸통의 상단은 지지와 저항의 역할을 한다. 양봉의 위꼬리를 돌파한 이후 몸통 상단이 강한 지지선 역할을 하며, 이를 침범할 때는 추가적인 조정이 나올 가능성이 크다. 조정 기간에서는 양봉의 몸통 하단이 지지선 역할을 하는 경우가 많다.

⊞ 실전 사례 연구 10. 삼일기업공사

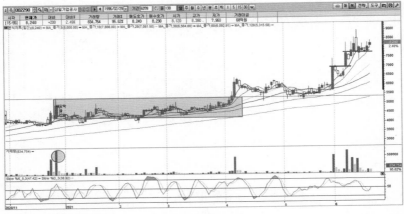

차트 2-64. 삼일기업공사

2020년 12월 24일에 기준거래량이 발생했다. 기준거래량 상단을 돌파한
주가는 이후 상단을 지지선 삼아 견조한 흐름을 보여주고 이후 대량거래
를 동반한 양봉에서 몸통 상단이 일정한 지지력을 보여준다.

실전 사례 연구 11. 에이비프로바이오

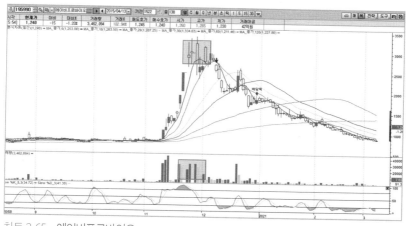

차트 2-65. 에이비프로바이오

2020년 11월 24~ 12월 01일에 기준거래량이 발생했다. 기준거래량 발생 시 음봉은 차익실현의 표시가 될 가능성이 크므로 이후 주가 상승에도 많은 걸림돌이 된다. 기준거래량은 실전 매매에서 반드시 익혀야 할 중요한 부분이다. 이 부분 하나만 숙지하고 차트에 선을 그어 보는 것만으로도 보이는 게 다르다. 정리하면 주가가 기준거래량 위에 있는 종목을 선정해야 하락의 위험이 작고 상승할 때 잘 상승하므로 기준거래량이 있는지와 주가의 위치가 기준거래량 위에 있는지 등을 먼저 확인하고 종목을 선정하자.

실전 사례 연구 12. 이화공영

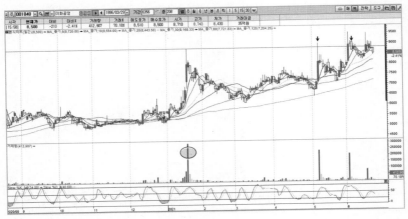

차트 2-66. 이화공영

　21년 1월 기준거래량이 발생하고 5월 거래량이 크게 증가하면서 기준거래량의 위꼬리 돌파 시도가 여러 차례 나오고 있지만, 아직 돌파 후 안착을 하지 못하였다. 기준거래량 아래에서 주가가 눌면 상승할 때마다 기준거래량이 눌러서 제대로 상승을 하지 못하게 된다. 하지만 기준거래량을 돌파한 상황이라면 특히나 돌파 직후라면 적극적으로 매수에 참여해 볼 만하다.

▌핵심

기준거래량이 조정 구간에서 발생하면 상승 추세 전환 신호, 기준거래량이 고점 구간에서 발생하면 하락 추세 전환 신호로 해석한다. 또한, 일봉에서 기준거래량은 평상시 거래량보다 월등히 많은 거래량이므로 눈으로 보면 알 수 있다. 이런 기준거래량은 지지선과 저항선 역할을 한다. 기준거래량 아래에 있는 주가는 기준거래량이 저항 역할을 하여 주가가 쉽게 상승하지 못하게 되므로 이런 종목은 되도록 매수하지 않는 게 좋다. 반대로 기준거래량 위에서 노는 주가는 기준거래량이 지지선 역할을 하므로 기준거래량과 가까이 있는 종목이라면 매수 가담해도 큰 무리 없을 것이다.

▌기준거래량에 대한 해석

세상에 없는 단어라 다소 어색하겠지만, 기준거래량은 실전에서 매우 유용한 지표가 될 수 있다. 종목을 선택할 때도 해당 종목이 기준거래량의 주가보다 높은지 아니면 낮은 가격에 형성되어 있는지를 보고, 되도록 기준거래량 주가 위에 형성된 종목을 선택하라 권한다. 특히 거래량이 많이 발생하는 급등주의 경우 분봉에서도 1주일, 3일, 당일의 선택된 기준일 속에서 해당 기준거래량이 의미를 지니게 되는 것도 알 수 있을 것이다.

최소한 기준거래량의 의미를 알고 매매할 때와 그렇지 않을 때, 상당히 많은 차이를 느낄 수 있을 것이다. 우리가 매매할 때 어떤 기준이 있다면 얼마나 편리하고 좋을까 하는 생각으로 연구해 창안한 것으로 실제 차트를 열어 종목마다 선을 그어 보길 꼭 권하며 얼마나 유용한지 체감해보길 바란다. 기준거래량이라는 용어는 필자가 명명한 것이라 어떤 서적이나 강의에서도 들어 볼 수 없을 것이다. 이에 좀 더 심층 학습을 통해서 기준거래량 역할을 알아보자.

실전 사례 연구 13. 시너지이노베이션

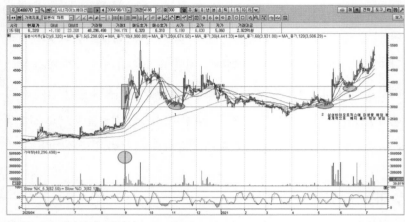

차트 2-67. 시너지이노베이션

2020년 9월 1일 기준거래량이 발생

주가의 아래꼬리 하단과 위꼬리 상단에 선을 그어 놓았다. 먼저 아래꼬리 부분은 지지선 역할을 하는 모습이다. 주가가 하락하면 이 가격대에서 주가를 받쳐준다.

9월 1일 이후 9월 17일 최고점을 찍고 지속적으로 조정을 주었는데 당시 거래량을 보면 가짜 상승임이 드러난다. 위꼬리 상단이 지지선 역할을 하지 못하는 상황이고, 아래꼬리만 지지선 역할을 한다. 이후 오랜 조정 후 2021년 5월 21일 대량거래가 나오면서 주가는 한 단계 상향되는 과정에서 3번 원이 지지선 역할을 하는데 이것이 20년 9월 1일 기준거래량의 위꼬리 부분이다. 오랜 시간 동안 기준거래량이 설정한 지지선과 저항선은 그 역할을 수행한다.

실전 사례 연구 14. 플리토

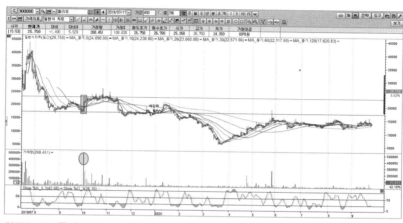

차트 2-68. 플리토

해당 월봉 차트는 신규 상장 후 주가가 급락하는 형태를 보여준다. 2019년 10월 2일 기준거래량이 만들어지고 난 이후 모습을 공부해 보자. 기준거래량이 발생하고 난 후에는 기준거래량 상단에서 안착하는 모습을 확인하면서 다소 높은 가격으로 매수되었다. 하지만 그 이상 주가가 올라가지 못하고 저항선을 돌파하지 못했는데 그 이유는 저항선 돌파를 지속적으로 방해하는 매물이 출회하기 때문이다. 기준거래량 하단이 이탈되면서 주가는 힘없이 하락하고 이후 반등이 들어오지만 역시 힘이 없다. 힘이 없다는 말은 거래량이 많지 않다는 말이다.

이런 경우 섣불리 저점매수를 해서는 안 되는 구간이다. 최소한 매수 신호를 포착하기 위해서는 기준거래량과 비슷한 거래량이 출현해야 한다. 이런 거래량이 바닥권에서 나타나면 이것을 우리는 바닥이 임박했음을 알리는 신호라고 해석한다.

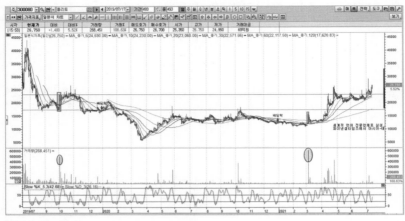

차트 2-69. 플리토

1차 기준거래량이 발생하고 오랜 시간이 흐른 뒤 2021년 3월 4일 새로운 기준거래량이 발생되면서 드디어 바닥 탈출을 시작하려는 모습을 보인다.

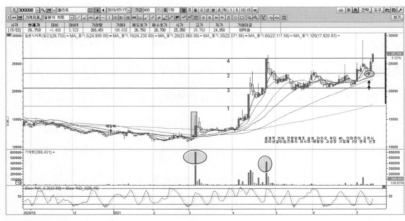

차트 2-70. 플리토

차트 2-70을 보면 1, 2번 선이 처음 발생한 기준거래량의 선이고, 3, 4번은 2021년 4월 26일 발생한 새로운 기준거래량의 선이다. 위에서 알 수 있는 것은 오래된 기준거래량도 그 의미가 전혀 퇴색되지 않는다는 것과 바닥권에서 나타난 새로운 기준거래량(3월 4일 자)은 확실한 바닥 신호를 말해주는 거래량이며, 4월 26일 발생한 새로운 거래량은 새 시세를 준비하는 일련의 과정으로 해석할 수 있다. 그리고 화살표를 해 둔 자리는 처음 발생한 기준거래량의 위꼬리 상단 부분으로 최후의 지지선 역할을 하여 이제 이 종목의 경우 새로운 시세를 준비하는 초기 단계로 해석된다.

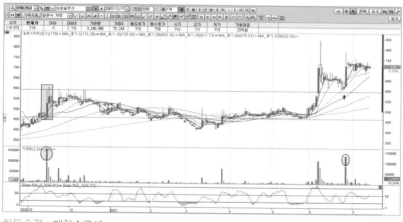

차트 2-71. 대창솔루션

차트 2-71은 2020년 11월 13일 기준거래량이 발생한 이후 약 7개월 동안 조정을 마치고 주가가 한 단계 레벨업을 시도하는 과정으로 파악되며 21년 6월 25일 발생한 새 기준거래량은 앞으로 주가 흐름에 상당한 영향을 미칠듯하다. 오래전에 발생한 기준거래량의 저항선이 화살표시에서 지지선으로 바뀌는 상황에서 완전한 상승으로 전환을 말할 수 있다.

여기서 예측을 해 보자면 6월 25일 새 기준거래량의 위꼬리를 상향 돌파하는 시점은 다시 주가가 레벨업 되는 시점으로 해석 가능하여 현재 단기 눌림 구간에서 매수 접근은 다소 불확실성이 높으므로 고점매수가 좋아 보인다.

실전 사례 연구 15. 이루온(최재형 테마주)

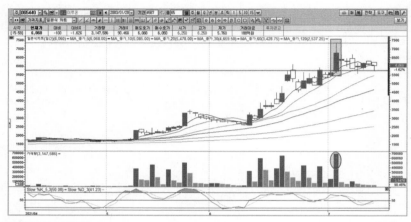

차트 2-72. 이루온

대선주자 최재형 관련 테마주이다. 5월 초 바닥에서 대량거래가 생긴 이후 지속 상승세를 보여주고 거래량도 매우 크게 발생하고 있다. 2021년 7월 2일 기준거래량이 새로이 만들어지고 이후 주가의 몸통 하단을 기준으로 일정하게 지지선 역할하고 있다. 이런 점을 분석해 보면 5,800원 정도가 상당히 강한 지지선이라고 설명할 수 있다. 기준거래량 위꼬리 상단의 저항을 넘기기 위해서는 많은 거래량이 필요하게 될 것이지만, 일단 지지선을 의지해서 저점 매수도 가능하리라 판단된다.

실전 사례 연구 16. 시너지이노베이션(5분봉)

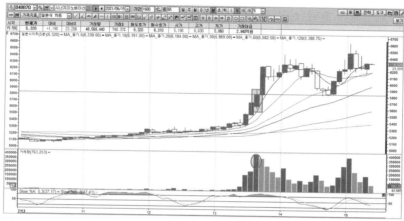

차트 2-73. 시너지이노베이션

위 그림은 5분봉 차트이다. 기준거래량 상단이 조정 시 지지선 역할을 해 주는 모습이다. 강한 종목일수록 상단을 지지하고, 약하면 하단을 지지하며, 하단이 깨지는 경우에는 기준거래량의 주가가 단기 고점이 될 가능성이 크다.

⊞ 실전 사례 연구 17. 부국철강(5분봉)

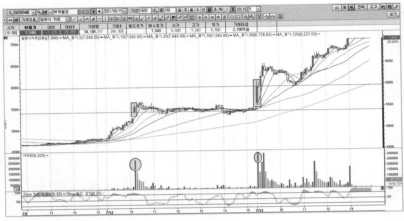

차트 2-74. 부국철강

　2021년 7월 12일 5분봉 상 기준거래량이다. 13일 발생한 기준거래량에서 하단 지지선과 상단 지지선을 보여주는 좋은 사례이다.

실전 사례 연구 18. 삼부토건(15분봉)

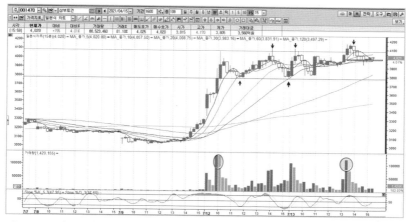

차트 2-75. 삼부토건

　15분봉 차트이다. 이렇게 급등하는 종목에서도 기준거래량의 의미를 확인할 수 있다. 12일 오전 10시와 10시 15분에 발생한 거래량을 기준거래량으로 볼 수 있고 10시에 발생한 기준거래량 상단이 지지선 역할을 하면서 매수 포인트로 작용하고 15분에 발생한 위꼬리 상단이 저항 역할을 하는 모습을 보여준다.

　이 경우, 위에 나타난 의미 있는 거래량과 함께 기준거래량 저항선을 한 차례 돌파한 상황이어서 또 한 차례 돌파가 나온다면 기준거래량 저항선이 지지선으로 변하여 적극 매수를 고려해 볼 포인트가 될 수 있다.

　이처럼 기준거래량은 일봉이든 주봉이든 분봉이든, 미국 차트든 관계없이 사용이 가능한 강력한 무기가 될 수 있음을 인식해야 한다.

▌지지선과 거래량

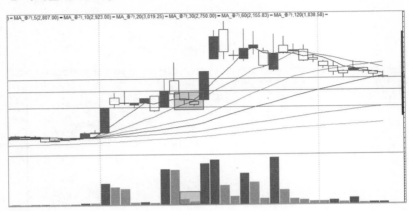

차트 2-76.

주가가 하락 할 때 거래량이 많으면 매도해야 한다. 이는 매도세가 매우 강하다는 의미이기 때문이다. 반면, 주가가 하락 할 때 거래량이 많이 감소하면 하락폭이 작아지게 되고 이는 곧 반등이 나올 수 있는 조건이 된다. 위에서 큰 거래량에 위치한 캔들 모습이 위꼬리를 가진 양봉 모습이다. 다음날 상승 출발을 하였으나 되밀리면서 음봉으로 마감하는 과정에서 어제와 비슷한 거래량이 발생하였다. 매매 공방에서 매도세가 이겼다는 의미이다. 그런 이유로 이틀간 더 하락이 나왔지만 3일째 거래량이 급속히 감소한다. 즉, 반등 가능성이 커진다는 의미로 해석할 수 있다.

차트 2-77을 보자. 1번 지지선과 2번 지지선 아래 첫 번째 거래량과 두 번째 거래량 이후에 진행되는 거래량을 보면 첫 번째 원 이후에 거래량이 급감하면서 같이 주가도 흘러내리는 상황이었고 두 번째 원 이후 거래량이 감소하기는 하나 첫 번째 원 이후 거래량보다 상당히 많은 수준이 유지되면서 주가가 좀처럼 하락하지 않는 걸 볼 수 있다.

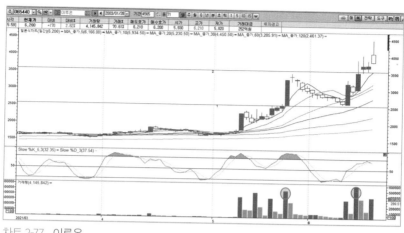

차트 2-77. 이루온

우리는 여기서 이런 해석을 해 봐야 한다. '주가는 거래량의 그림자다'라는 명제에 대입하면 거래량이 감소하면 주가도 하락해야 당연한 일인데 주가가 하락하지 않았다. 그렇다면 주가가 상당히 강하다는 해석을 할 수 있어야 한다. 이루온은 2021년 5월부터 주가가 상승하기 시작하였는데 그 이유는 최재형 감사원장(당시)이 정치에 참여하여 야권 대선주자가 될 가능성이 있다는 보도가 있었고 동사는 최재형 테마주 중 대장주 역할을 하기 시작했다. 이렇게 특정 테마나 이슈로 인하여 상승하는 종목의 경우라 하더라도 거래량의 움직임을 보면 시장에 참여한 투자자들의 심리 상태를 어느 정도 파악할 수 있다.

한전산업의 차트 2-78을 보자. 두산중공업의 경우처럼 미국 조 바이든 대통령과 문재인 대통령이 소형모듈원전 협력을 합의한 소식이 전해지면서 정부의 탈원전 정책으로 인해 지속 하락하였던 원전 관련 종목들이 대거 상승하게 되었다. 지지선 1~4번까지 그려 놓았고 아래 거래량에 원을 그려 놓았다.

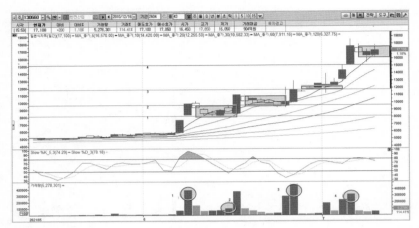

차트 2-78. 한전산업

　거래량이 증가하면서 주가도 크게 상승한 이후에 거래량이 감소하였음에도 불구하고 주가는 잘 내려가지 않는다. 여기서 투자자들의 심리를 알수 있어야 한다. 즉, 원전사업에 대한 기대감이 매우 크다는 사실과 그로인해 주가는 더 상승할 가능성이 크다는 점을 인지할 필요가 있다. 이러한기대감으로 인하여 주가가 크게 상승한 이후에도 거래량에 따라 주가가내리지 않고 조정을 주다가 거래량이 다시 증가하면 주가는 레벨업을 이어 갈 수 있다.

　차트 2-79는 메타버스(가상현실) 테마주이다. 2021년 갑자기 등장한 테마주로 알고 있는데 위에 소개한 한전기술과 달리 기간 조정이 다소 길게이어지는 걸 볼 수 있다. 원전 테마에 비하여 그 현실성이나 실적 면에서다소 가늠하기가 쉽지 않다는 생각이 투자자들 사이에 있는 것으로 해석되는 대목이다. 이런 테마가 살아 움직이기 위해서는 거래량의 지속적인증가가 필요한데 2021년 5월 거래량이 집중되다가 이후에는 거래량이 분산되어 주가 상승 탄력이 둔화되고 있음을 알 수 있다.

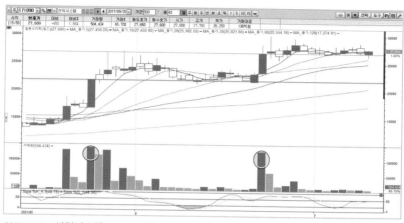

차트 2-79. 선익시스템

거래량이 감소함에도 불구하고 주가가 하락 하지 않고 있다는 점에서 거래량이 증가만 되어 준다면 언제든 추가 상승할 수 있는 여지가 충분하 다고 판단되므로 오히려 기간 조정 내에서 저점매수 기회로 활용해 보는 것도 고려해볼 만하다.

▌거래량 의미를 알기 위한 거래량 보고 매매하기

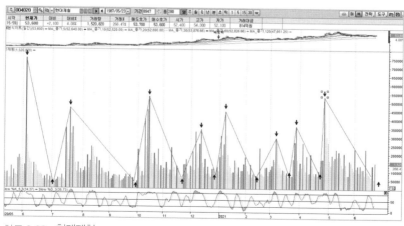

차트 2-80. 현대제철

차트 2-80을 보자. 주가 흐름을 최대한 줄이고 거래량을 최대한 늘려서 거래량으로만 매수, 매도를 표시했다. 8번의 매도와 8번의 매수가 나타나는데, 거래량이 급증하면 매도하고, 거래량이 최대한 감소한 자리에서 매수한다. 거래량이 급증하면 단기적으로 에너지가 소진되어 단기 조정을 예상하기 때문이고 거래량의 바닥은 곧 주가의 바닥이라는 마인드로 접근한다.

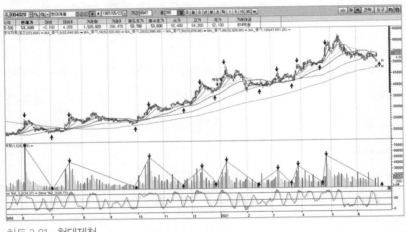

차트 2-81. 현대제철

차트 2-81을 보면 거래량의 고점과 주가의 고점, 거래량의 저점과 주가의 저점이 거의 일치하는 것을 볼 수 있다. 이런 원리는 언급한대로 주가는 거래량의 그림자에 지나지 않기 때문이고 매우 정상적인 시장에서는 이러한 적용 원리가 통해야 한다.

또 다른 사례를 보자.

차트 2-82에서는 7번의 매수 신호와 6번의 매도 신호가 발생한다.

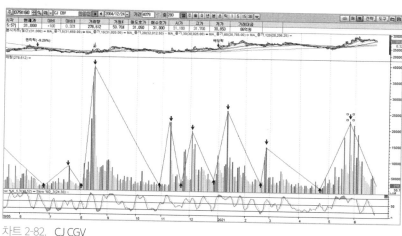

차트 2-82. CJ CGV

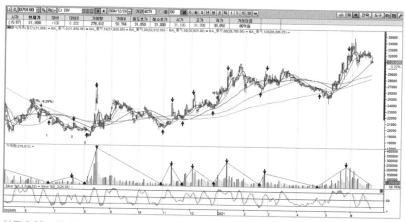

차트 2-83. CJ CGV

　1번에서 매수하여 2번에서 손절 후 3번에서 재매수하고 이후 지속 수익
이 발생하는 형태를 보여주고 있다. '주가는 거래량의 그림자'다. 이것은 주
가의 형성원리에서도 말하였듯이 양적 개념인 통상적 시장에서 적용된다.
　또 다른 사례를 보겠다.

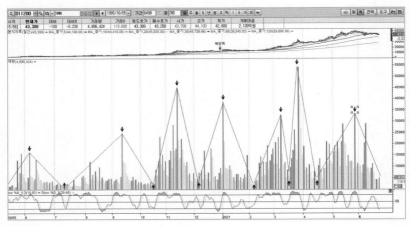

차트 2-84. HMM

6번의 매수 신호와 7번의 매도 신호가 잡힌다.

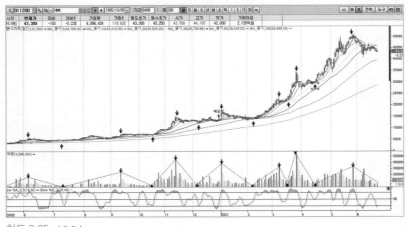

차트 2-85. HMM

이런 상승 추세라면 매수 후 홀딩 하는 전략이 가장 좋겠지만, 거래량으로 매매할 경우 적중률이 거의 100%이다.

국내뿐 아니라 세계 어느 책을 보더라도 이러한 기법설명을 필자는 보지도 듣지도 못하였다. **주가는 거래량의 그림자다.** 또한 **거래량의 바닥은 곧**

주가의 바닥이다. 주식을 제법 한다는 투자자들도 거래량에 대하여 상당히 가벼이 여기는 경향이 있는데 주가의 형성원리를 알지 못하는 데서 오는 심각한 오류다. 이 책을 보는 독자는 거래량의 중요성을 알고 주가를 쳐다보기 전에 거래량이 어떻게 발생하는지를 체크하는 습관을 꼭 권한다.

매수, 매도 표시를 해 두었는데, 매도 이유는 전 고점과 이에 따른 거래량 때문이다. 매수이유는 거래량 감소와 주가 지지력, 그리고 상승 갭을 보이기 때문이다. 최근 모습을 보면 갭 자리에서 지지력을 보여주고 기간 조정 형태로 진행 중이다. 이럴 때 주의점은 기간 조정 시 거래량이 지속 감소하는 것은 그다지 좋은 현상이 아니라는 것이다. 올라서야 할 지점에서 올라서지 못하면 일시적으로 실망 매물이 출회되어 지지선을 깨어 버릴 가능성도 있다. 따라서 거래량 없이 주가가 하락하면 일단 매도보다는 되돌림을 확인하길 권한다.

▍기준차트란?

필자가 명명한 것이라 생소하겠지만, 기준차트는 주식 실전에서 꼭 알아야 할 부분이다. 본인의 성향이 단기적이라면 분봉 차트를 보는 게 맞고 성향이 중·장기적이라면 일봉 차트를 기준으로 매매하는 게 맞다. 기준차트는 누가 설정해 줄 수 있는 문제가 아니라 본인의 성향을 스스로 어떤 차트를 사용했을 때 가장 효과적으로 주식 투자할 수 있는지 파악해야 한다.

예를 들어 대부분 투자자가 일봉 차트를 보고 종목을 선정한다. 그러나 본인에게 맞는 매매 차트는 15분봉이라고 한다면 이것은 시작부터 잘못된 선택이다. 차트 2-86을 보면 바닥권에서 거래량이 많이 증가하는 모습이라 이제 바닥을 확인하고 막 상승하려는 모습으로 해석할 수 있다. 그렇다면 가격대로 보았을 때 약 1,800원 전·후가 매수 가격이 될 것이다.

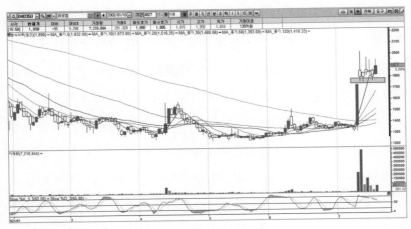

차트 2-86. 큐로컴

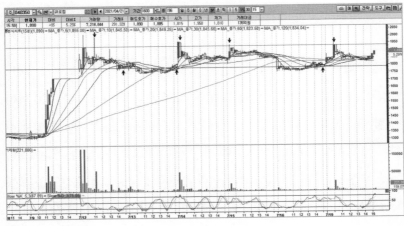

차트 2-87. 큐로컴

15분봉으로 접근해 보았다. 기준거래량 몸통에 선을 긋고 이것을 지지선 과 저항선으로 임의 설정하여 매매해 보자. 여러 번의 매수와 매도 신호가 발생이 된다.

차트 2-88. 큐로컴

5분봉으로 접근해 보았다. 역시 기준거래량 상단이 저항 역할을 하고 있다. 15분과 5분봉의 차이도 실로 어마어마하다.

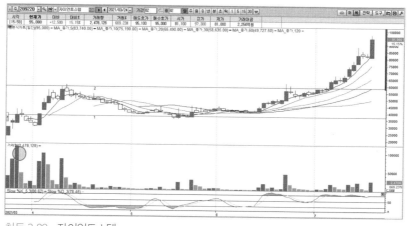

차트 2-89. 자이언트스텝

차트 2-89는 요즘 핫한 메타버스 관련주이다. 2021년 3월에 신규 상장한 종목으로 기준거래량의 주가가 기간 조정 시 지지선 역할을 하는 모습

이다. 4월 초고점을 6월 22일 돌파 시도하였으나 실패하고 단기 조정이 나
온 후에 주가가 급등하기 시작하였다. 매수 포인트는 1번 지지선과 2번 저
항선을 돌파하는 것을 확인 후 가담할 필요가 있다.

차트 2-90. 자이언트스텝

　일봉에서 보면 너무 많이 상승하여 매수하기 두려울 수도 있다. 하지만
15분봉에서 보면 상당히 보기 좋은 흐름을 보여주고 있다. 역시 매수는 기
준거래량의 주가를 넘기는 것을 확인 후 가담하는 것이다.

　차트 2-91을 보자. 5분봉으로 보면 또 다른 그림과 매매 시점이 발견된
다. 다소 지루한 횡보를 마치고 19일 장 초반부터 거래량이 증가하면서 1번
저항선을 돌파하고 이내 지지선으로 삼는 모습이다. 이후 9시 50분경 고점
을 다시 돌파하고, 다시 지지선으로 삼는다. 오후 13시 30분경 기준거래량
이 발생하면서 주가는 일정한 박스권에 갇히는 모습이다. 박스권 상단을
돌파한다면 다시 매수 신호로 해석해 볼 수 있을 것이다.

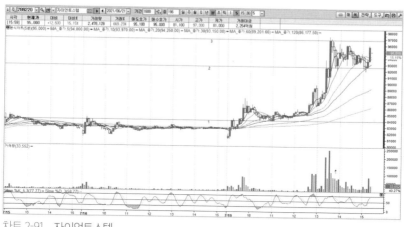

차트 2-91.   자이언트스텝

앞의 두 사례처럼 일봉과 15분봉, 5분봉은 각각 매매 신호를 달리하고
있다. 이런 이유로 본인의 성향에 맞는 차트를 발굴해야 하고 그것을 본인
의 기준차트로 사용을 하고, 종목 선정 역시 기준차트를 이용하여 선정해
야 한다. 첫 단추가 잘못 채워지면 끝을 볼 필요도 없듯이 본인의 첫 종목
선정 단계부터 무엇이 문제였는지를 심각하게 고민하는 계기가 되었기를
고대 한다.

▌지지선과 저항선은 유연하게 변해야

무슨 이야기인가 하면 일봉에서의 지지선과 저항선은 수일 내로 급하게
변하지 않겠지만, 분봉에서는 지지선과 저항선이 늘 변화해야 한다. 한번
정해진 기준에 얽매이지 말고 주가의 흐름에 따라 유연하게 지지선과 저
항선을 이동시켜 대응할 필요가 있다.

차트 2-92는 5분봉이다. 아래 거래량에서 보면 거래량 고점과 저점을 표
시해 두었다. 거래량으로 매매할 경우 매수와 매도 신호가 포착되지만, 실
전에서 해 보면 현재 변화하고 있는 거래량의 크기를 단기간에 파악하는

일도 쉬운 일은 아니다. 주가 차트를 보면 각 선에 번호를 부여해 두었다.

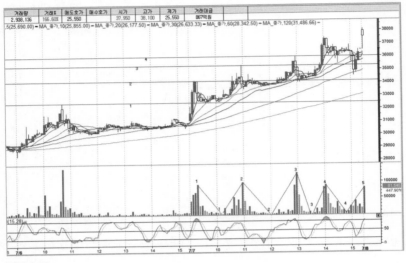

차트 2-92.

　주가가 상승하거나 하락 할 때 각각의 선이 어떤 역할을 하는지 보자. 상승 이후 조정할 때 지지선 역할을 하고 전 고점은 저항 역할을 한다. 주가의 흐름과 거래량의 흐름을 같이 보면 거래량 3번 고점 자리에서 최대 거래량이 나온 이후 주가는 상승하는데 거래량은 조금씩 감소하는 것이 보인다. 우리가 양적 개념의 거래량 분석에서는 주가가 상승할 때 거래량도 같이 증가하는 것이 당연한 이치라고 말하였다.

　이 부분이 일시적인 주가의 교란일 가능성도 있고, 그렇지 않을 가능성도 있다. 여기서 중요한 점은 교란 가능성이 있을 수 있다는 점을 인지하는 것이다. 만약 거래량이 감소함에도 주가가 상승하면 양적 개념이 아닌 질적 개념으로 접근해야 하는데 질적 개념을 도입하기 위해서는 일봉에서 최소 6개월 이상 주가와 거래량의 흐름을 분석해서 질적 개념을 도입하여 해석해도 되는지를 판단해야 한다. 이런 양적, 질적 개념의 분석이 골치

아프면 단순하게 거래량 고점에서 매도하거나 그렇지 않으면 지지선 이탈 시 매도하는 방법을 취해야 한다. 어느 것을 기준으로 매매해야 가장 유리할지는 당장 확인할 수는 없으나 늘 이야기하지만, 주식은 확률 게임으로 접근해야 하고, 위험관리가 최우선 덕목이 되어야 한다.

그런 의미에서 지지선 이탈은 일단 매도한다는 원칙을 적용 시킬 수 있다. 이때 이탈 시 거래량의 모습이 중요하다. 지지선이 이탈되기는 하였으나 거래량이 적은 상태라면 되돌림을 한번 확인해 볼 필요가 있다.

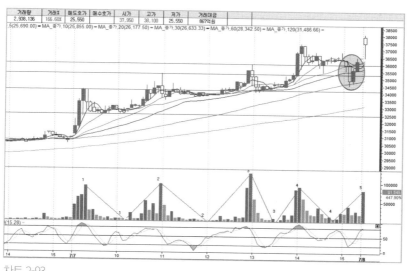

차트 2-93.

이런 되돌림을 확인할 때는 상당히 훈련한 다음 스스로 검증 후 이루어져야 한다. 이 또한 머리 아프면, 지지선 이탈 시 기계적으로 매도하는 것도 나쁜 방법은 아니다. 지지선을 의지하여 매매하였다면 원 표시한 부분인 되돌림을 확인하지 않고 매도를 진행해야 하고 만약 되돌림을 확인하여 보유하였다면 추가 상승을 경험한 후에 거래량을 동반하여 주가가 크게 하락하는 모습을 보게 된다.

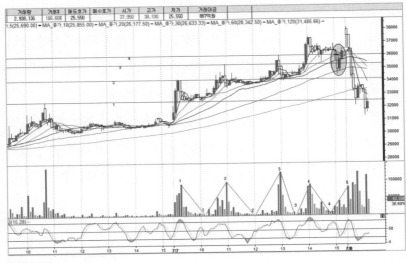

차트 2-94.

차트 2-94를 보자. 4번 지지선을 7월 7일 한번 이탈하여 되돌림을 확인하였으나 8일 재차 거래량을 동반하여 지지선을 이탈시켰다면 여기서는 되돌림을 재차 확인해서는 안 된다. 거래량에서도 강조하였듯이 거래량을 동반한 하락은 추가 하락 위험이 매우 크므로 일단 매도 대응해야 한다.

▌핵심

주가가 상승하면 그에 따라 지지선도 같이 상향 조정되어야 하고 주가가 하락하면 지지선 이탈 시 원칙적으로 매도하지만, 거래량이 적으면서 하락하면 되돌림을 한차례 확인하고, 재차 지지선이 이탈할 때는 곧바로 매도 대응한다.

차트 2-95는 5분봉 차트다. 2021년 7월 6일 상승 출발하여 거래량을 대량 동반하면서 급등한 이후에 네모난 박스(갭) 자리에서 나름 지지력을 보여주다가 주가가 추가 하락하면서 1차 지지선이 깨어진다. 그리고 2차 지지선에 의지하면서 1차 지지선(이제는 저항선)을 돌파하려 하지만 거래량의 부족으로 또 실패하면서 7일은 2차 지지선을 깨어 버린다. 이렇게 단기 급등한 종목을 거래량으로만 판독하여 거래량 왕창 터진 자리에서 매도하거나 그렇지 않으면 지지선을 그어(지지선 긋는 방법은 거래량, 갭, 기준거래량에서 설명) 스스로 설정한 지지선과 저항선에 의지하여 매매해야 한다.

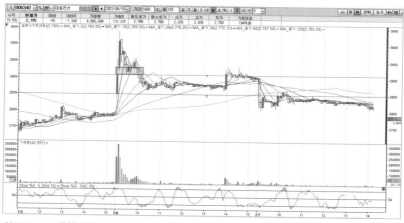

차트 2-95. 대원전선

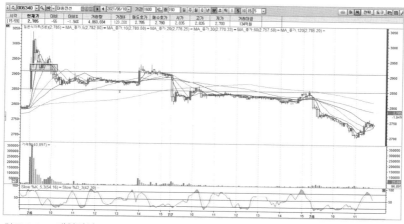

차트 2-96. 대원전선

차트 2-96처럼 스스로 설정한 지지선을 무시할 경우 어떤 결과가 초래되는지 확인된다.

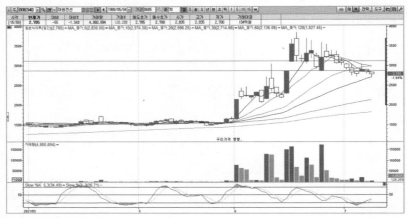

차트 2-97. 대원전선

일봉을 의지하여 매매하는 투자자라면 다른 전략을 수립해 볼 수도 있다. 지지선이 이탈되었으나 거래량 없이 하락하는 부분을 용인하고, 되돌림을 확인하겠다고 하여 매도하지 않고 보유를 결정할 수도 있을 것이다. 이 부분은 누가 옳고 틀렸다는 관점으로 접근하기보다는 본인이 어떤 기준차트를 사용하여 매매하고 있는가 여부에 따라 결론은 달라진다.

차트 2-98을 보자. 거래량이 급증하면서 주가가 급등한 자리에 원을 그리고 선을 그어 보았다. 주가가 지지선 아래에서 위로 올라올 때 거래량이 증가 되는 것을 볼 수 있고, 거래량이 감소하면서 주가가 하락하는 것을 볼 수 있다.

2021년 7월 8일 주가가 아침에 급등한 이후 하락하면서 1차 지지선에 멈추어 선 상태이다. 이럴 때 본인이 스스로 설정한 지지선과 저항선을 신뢰해야 한다. 만약, 이러한 선이 의미가 없게 그어졌다면 그것은 처음부터 잘

못된 전략이 수립된 것이므로 결과도 잘못될 가능성이 클 것이다.

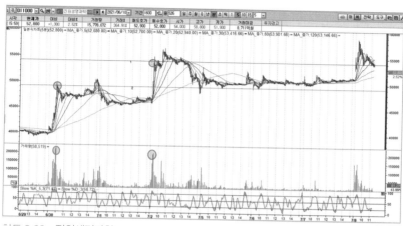

차트 2-98. 진원생명과학

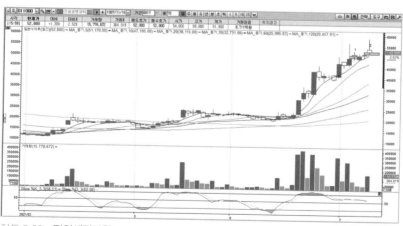

차트 2-99. 진원생명과학

차트 2-99는 일봉 차트다. 먼저 5분봉에서 현재 지지선에 걸쳐져 있는 것을 확인하였다. 일봉에서 1번 갭, 그리고 2번 갭이 있는데 여러분의 전략은 어떠한가? 이 글을 쓰는 날의 모습이기에 필자도 결과를 알지 못한다.

지난 차트로 죽은 지식을 설명하기보다 우리가 이 책을 통해서 앞으로 주가를 어느 정도 예측 가능한가 살피는 것이 중요하기에 필자는 틀릴 수도 있는 예측을 해본다. 예측, 먼저 거래량의 추이부터 살펴보면 거래량이 감소하는 모습이다. 이를 근거로 주가의 상승 탄력은 떨어질 가능성이 크다고 할 수 있다. 그리고, 추세를 근거로 해석해 보면 단기 추세가 워낙 좋아서 조정이 온다고 하더라도 쉽사리 10일선이 깨어질 가능성은 당분간 작아 보인다. 따라서, 상승의 탄력은 떨어지나 상승 추세가 꺾이지 않을 가능성이 크므로 매수를 한다면 조정 시 저점매수로 대응해 볼 필요가 있다. 5분봉 기준으로는 지지선 이탈 시 일단 매수 후 그 아래 지지선까지 조정을 기다려 볼 것이다.

개인 투자자들의 인기 종목을 살펴보자.

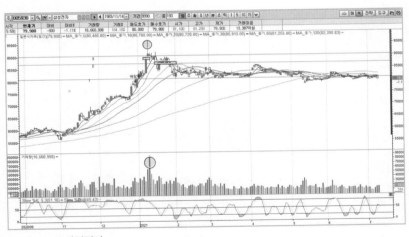

차트 2-100. 삼성전자

삼성전자의 흐름이 어떻게 될 것인가? 아마도 이 부분을 제대로 예측해 낼 수 있다면 그분은 최고의 분석가라고 해도 무방하리라 생각한다. 먼저 추세를 살펴보면 2020년 지속 상승세를 이어 왔고 2021년 초부터 기간 조정이 시작되었다. 따라서 상승 추세가 아직 훼손되었다고 단정하기 어렵다.

거래량을 살펴보면 20년 3월부터 바닥에서 거래량이 많이 증가하면서 바닥 신호를 주었고 이후 완만하게 상승을 하면서 20년 1월의 고점을 돌파하는 구간부터 거래량이 증가하며 상승 각도가 커지기 시작했다. 21년 초 초대형 거래량을 주면서 고점 신호를 주었다. 여기서 우리가 알 수 있는 것은 상승 추세에서 거래량이 급증하면 단기 매도 신호로 해석한다는 점이다. 또한, 고점 부근에서 갭 하락이 나오면 일단 매도한다는 원칙을 적용할 수 있다.

필자의 분석으로는 아직 매수 시기라고 단언하기는 어렵다. 이유는 기간 조정이 너무 길다는 점과 고점에서 분명한 매도 신호 이후 제대로 매수 신호가 한 번도 나오지 않았다는 점이다. 그리고 1, 2, 3차 저항선이 겹겹이 산적해 있어 쉽지 않을 전망이다.

이런 조건에서 매수 시그널을 어떻게 찾을까? 거래량의 증가가 나타나야 한다. 그러므로 주가가 최소한 2차 지지선에 안착하여 3차와 2차 사이에 주가가 어느 정도 안정화 되어야 매수에 참여할 것이다. 저점매수를 좋아하는 투자자라면 현시점에서 매수에 가담할 경우 적잖은 위험이 내포되어 있음을 감안하여 적절한 손절 폭을 미리 설정하여 진입해야 한다.

차트 2-101을 보자. 60분봉으로 한 달간 흐름을 살펴본다. 현재의 추세는 고점이 낮아지고, 저점이 높아지는 모습이다. 즉, 수렴하여 변곡점을 찾으려는 모습으로 해석해 볼 수 있을 것이다. 앞에서 언급한 대로 저점 매수에 가담하고자 하면 일정한 위험을 감수해야 하는 자리다. 반면 일정한 상승을 확인 후 고점매수에 가담한다면 가격은 다소 높으나 반대로 위험은 작아진다는 장점이 있다. 저점매수와 고점매수의 장·단점이기도 하다.

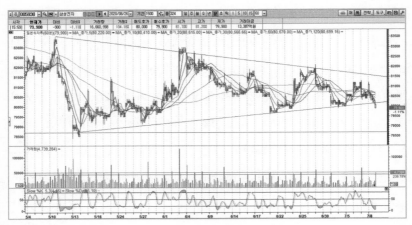

차트 2-101. 삼성전자

　　주가가 상승하거나 하락 할 때, 각기 지지선과 저항선을 유연하게 설정

해야 한다고 하였는데 다음 사례를 보면서 좀 더 알아보자

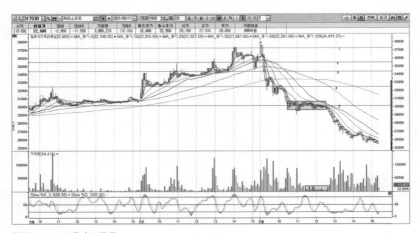

차트 2-102. 캐리소프트

　　차트 2-102에서 주가가 상승할 때 1~5번의 선들의 역할을 살펴보면 거

래량을 증가시키면서 주가는 한 단계씩 레벨업을 하는 모습이고 레벨업한

주가는 그 아래 선을 지지선 삼아서 다시 상승하는 모습이다.

이런 주가의 패턴을 빨리 파악하고 20년 7월 8일 상승 출발하여 추가 상승에 대한 기대감이 컸으나 이내 1차 지지선을 깨어 버린다. 기대감이 아직 식기도 전에 주가는 2차 지지선까지 훼손하면서 급락이 나오지만 여기서 아래 3차 지지선을 또 의지하여 보유하게 된다면 그 결과는 참혹하게 된다.

필자가 이야기 하고 싶은 것은 막연한 기대감으로 시장을 대하면 한순간 그 기대감이 배신감으로 바뀌면서 이러지도 저러지도 못하는 패닉 상태로 빠지게 된다는 것이다.

5번 지지선에서 보면 떨어질 만큼 떨어진 상황에서 거래량마저 심하게 감소하고 있으니 이때를 저점 매수 시점으로 파악해 매수에 참여할 가능성이 큰 자리다. 늘 강조하지만, 하락 추세가 강할 때는 돌다리도 두들겨 보는 심정으로 4번 선을 상향 돌파하거나 안착하는 모습을 확인해야 한다. 주가를 너무 저점에서 매수하고자 하는 욕심 때문에 확인하지 않고 매수에 들어가면 이후 또 다른 지하실을 구경하게 된다.

다시 복습해 보자. 주가가 상승할 때 거래량이 증가하면서 상승하는 게 정상적이며 주가 하락을 멈추기 위해서는 거래량의 감소가 필요하다. 돌다리도 두들겨 보는 심정으로 거래량이 감소한 이후에 점차 거래량이 증가하면서 쌍바닥이나 저항선을 상향 돌파하는 모습을 확인 후 매수에 들어가야 한다. 주가가 하락 할 때는 지지선을 유연하게 활용해서는 안 된다.

주가가 상승할 때는 상승하는 대로 새로운 지지선을 설정하여 최대의 수익을 확보하는 데 주력을 해야 하지만, 주가가 하락 할 때는 만들어진 지지선을 깨고 주가가 하락하면 최소한 비중 축소를 해야 하고, 위험관리와 수익 극대화에 집중해야 한다.

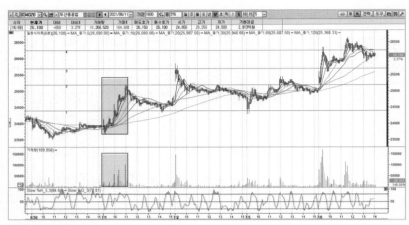

차트 2-103. 두산중공업

　차트 2-103을 보자. 단기 하락 추세에서 상승 추세로 전환 될 시점의 거래량의 모습을 보면 점진적으로 증가하면서 주가가 상승하는 모습을 볼 수 있다. 그리고 2번선 부근에서 조정이 오고 1번 선을 지지선 삼고, 다시 거래량 증가하면서 2번 선을 돌파하고 다시 조정을 줄 때 2번 선이 지지선 역할을 하는 듯하였지만 실패하고 1번선 까지 조정하면서 시간이 다소 길어진다. 7월 6일 아침부터 상승 출발하고 거래량이 많이 증가하면서 주가는 단숨에 3번 선을 상향 돌파하고 이후 짧은 조정 후 4번 선을 상향 돌파한다. 독자께서 어디에서 매수하였든 매도 시점을 잡는다면 이 중에 어떤 지점에서 매도하였을까? 상승 도중에 왜 매도를 하느냐고 되물어 볼 수 있겠지만 이건 결과를 우리가 알고 보는 것이기에 답변도 아주 간단하다. 하지만 실전 과정에서는 그리 간단하지 않다.

　매도 자리는 7월 2일 2번 지지선이 깨졌을 때 일단 매도하는 게 원칙이다. 그리고 재매수 자리는 1번선 자리가 아니라 2번 선을 다시 회복한 이후에 매수에 참여해야 한다. 만약 1번 선에서 재매수에 참여한다면 확인

되지 않은 자리에서 매수하는 것이기에 위험성이 매우 높다.

차트 2-102 캐리소프트에서처럼 돌다리도 두들겨 보는 심정으로 매수에 참여해야 하고 최대한 위험을 줄여 가는 게 상책이다.

8. 세력주

▌세력주 매집 유형

① 하락형

자본력이 부족하거나 대주주가 개입되었을 가능성이 큰 형태로 개인들은 추세에 따라 전혀 매집임을 감지하지 못하는 경우이다. 이런 경우의 매집은 우리 영역이 아니므로 상승을 하더라도 관심 두지 말자.

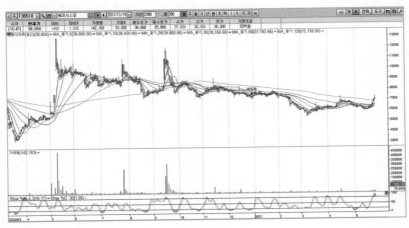

차트 2-104. 쎄미시스코

차트 2-104는 2020년 4월부터 간헐적으로 거래량이 급증하면서 지속 하락세를 보이는 과정을 보여준다. 이런 식의 매집은 기간이 상당히 길다는 특징과 기술적 분석으로는 전혀 감을 잡지 못한다는 점, 그리고 회사의 정보를 아는 집단에서 이루어지는 특징이 있다.

쎄미시스코가 지분매각과 인수합병 영향에 3거래일 연속 상한가를 기록하고 있다. 2일 오후 2시 1분 현재 쎄미시스코는 전거래일 대비 3,550원(29.71%) 상승한 1만5500원에 거래되고 있다. 이로써 쎄미시스코는 지난 달 31일부터 3거래일 연속 상한가를 기록 중이다. 앞서 쎄미시스코는 지난 달 31일 공시를 통해 최대주주인 이순종과 특수관계인 5인은 디엠에이치 외 5인에게 최대주주 보유주식 212만9957주를 매각한다고 밝혔다. 같은 날 에너지솔루션즈는 쎄미시스코를 인수한다고 밝혔다. 에너지솔루션즈는 6월부터 11월 사이 총 5차례의 3자 배정 유상증자에 참여하는 방식으로 쎄미시스코 563만775주를 취득한다.

이처럼 기업의 내부 정보를 알지 못하면 접근할 수 없는 상황이다.

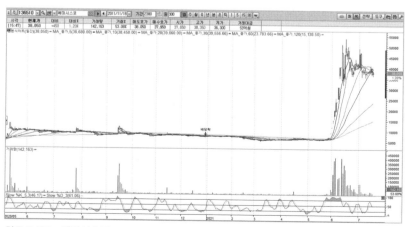

차트 2-105. 쎄미시스코

차트 2-105를 보자. 저점 대비하여 10배 정도 상승한 이후에 점차 내림세를 보인다. 이렇게 초 급등한 이후에도 주가가 급락하지 않는 이유는 매도를 아주 천천히 하면서 시장에 큰 충격을 주지 않으려는 의도가 있기 때문이다. 이런 경우 대체로 대주주가 연관되었을 가능성도 크다.

② 상승형

하락형의 반대 흐름으로 주가가 꾸준히 상승하면서 매집하는 형태이다. 대체로 매집은 주가를 상승시키면서 하는 경우가 대부분인데 이는 매집의 기간을 짧게 하기 위함이다. 하락형처럼 오랜 시간을 매집할 수 없는 경우이다. 하락형은 확실한 내부 정보와 함께 모멘텀이 시장에 노출될 시기를 거의 알고 있어서 가능한 것이다.

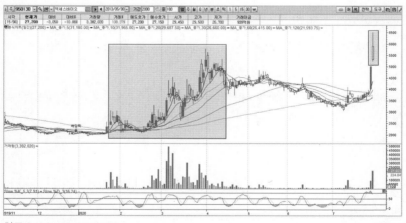

차트 2-106. 엑세스바이오

주가를 지속 상승시키면서 거래량이 급증하는 과정에서 매집이 이루어진다. 여러 유형을 소개하겠지만, 하락형을 제외하고는 대부분 매집은 주가를 상승시키면서 매집을 하는데 그 이유는 매집의 시간을 최대한 단축

시키고 시장에서 상승 모멘텀으로 작용할 만한 이슈가 극대화되기 전에 급등을 시키려 하기 때문이다. 즉, 소문에 사서 뉴스에 팔아라 라는 말이 이 경우이다. 세력들은 뉴스를 이용하여 고점에서 매도하는 경우가 허다하다.

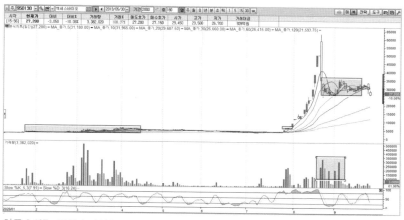

차트 2-107. 엑세스바이오

차트 2-107을 보자. 네모난 부분에서 나가는 자리인데 대부분의 작전주는 최고점 부근에서 정리하는데 위의 경우 고점보다 상당히 아래에서 매도를 진행한 이유가 궁금하다. 이것은 필자의 추론이지만 세력 간의 내부 다툼이 있었을 가능성에 무게를 둔다.

③ 계단식 상승형

모양은 같은 계단식이지만 그 기간의 차이는 세력마다 차이가 있다. 이런 유형의 매집은 작전 기간이 상당히 길어지고 그 규모도 상당한 수준일 가능성이 크다.

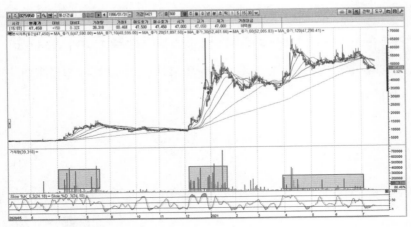

차트 2-108. 동신건설

　동신건설은 이재명 관련 테마주의 대장주 역할을 하고 있다. 2020년 7월 경기도지사로 재임 중인 이재명이 대법원 무죄 확정판결을 받고 대선 주자로 경선에 참여할 수 있다는 소식이 들리면서 주가가 급등하기 시작하였다. 그림 왼쪽에 표시된 첫 번째 네모에서는 매집이 있었더라도 일부 진입했을 것으로 추측되고, 2020년 말 주가를 갑자기 초급등 시키면서 본격적인 매집을 시작한 상황이라 분석된다.

④ 흔들기 형

　유통물량이 부족하지 않은 종목은 물량을 확보하기 위해 상승시키기보다 일정 기간에 주가를 급등락시켜 소위 개인 투자자 물량을 빼앗아가는 수법을 사용한다.

　차트 2-109와 2-110을 보면 2020년 2월부터 주가가 널뛰기한다. 이런 과정에서 개인들 물량이 세력들 손으로 빨리 유입된다.

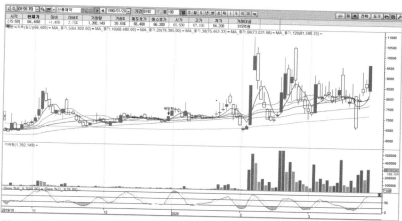

차트 2-109. 신풍제약

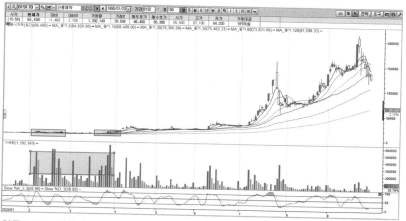

차트 2-110. 신풍제약

⑤ 수렴형

삼각 수렴 형태로 아래, 위 일정한 지지선과 저항선을 만들어 놓고 일정
한 가격으로 매집할 때 사용된다.

차트 2-111. 토탈소프트

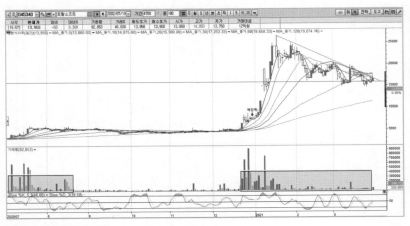

차트 2-112. 토탈소프트

　　차트 2-111과 차트 2-112에서 두 차례 삼각 수렴 형태를 보인다. 2020년 7
월 단기 급등 후 삼각 수렴과 2020년 말 급등 후 삼각 수렴 형태이다. 일정
한 지지선을 설정해 두고 있다.

　　위 차트에 해당하는 토탈소프트의 경우 앞에 소개한 동신건설처럼 매
집이 진행 중으로 분석되고 있으며 아직 결과는 기다려 봐야 할 상황이다.

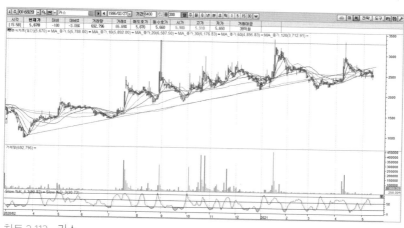

차트 2-113. 카스

차트 2-113은 일정한 저항선을 만들어 두고 매집하는 형태이다. 저점이 지속적으로 올라가면서 구간마다 거래량이 급증한다. 일반 개인들로 하여금 고점에서 매도를 강요하는 인상을 풍긴다.

⑥ 베이스 캠프형

높은 정상을 오르기 위해서 일정한 위치에 캠프를 설치하는 것처럼 세력들도 매집 이후 일정한 캠프를 설치하는 경우이다.

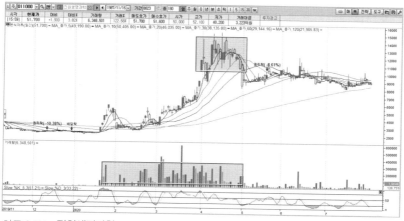

차트 2-114. 진원생명과학

차트 2-114는 매집을 진행한 이후에 시기를 조율하는 구간으로 해석한
다. 대부분 세력은 명분을 중요시하는데 이것은 뉴스나 호재 공시 등 때를
기다리는 시기를 가진다.

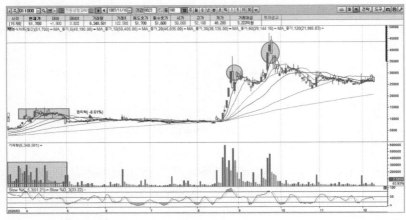

차트 2-115. 진원생명과학

세력이 시기를 맞추기 위해서는 매집 후 일정한 기간 조정이나 가격 조
정이 나타나는데 개인 투자자들은 이런 시기에 매도를 하는 경우가 많다.
이런 기간은 예측하기 힘들지만, 급등 이전에 거래량이 많이 증가한다는
점은 공통적이다. 따라서 일정한 매집을 확인하였다면 기간 조정 이후 거
래량이 증가하는 모습을 확인하면 좋다.

⑦ 위꼬리형 매집

위꼬리가 발생하는 것은 고점에서 차익 실현할 때 많이 발생하는 모양
이다. 이렇게 위꼬리가 길게 생기는 모양이 일회성으로 나타나면 이것은
단기적으로 매도의 신호로 해석할 수 있지만 여러 차례 나타날 경우에는
이런 매도의 특성을 이용하여 매집하는 경우라 할 수 있다.

차트 2-116은 주가가 급등한 이후에 음봉이 크게 나타나고 이후 위꼬리

를 가진 양봉들이 지속적으로 나타나는 모습이다. 음봉을 통해서 주가를 짓누르고 위꼬리를 가지고 매집하는 형태로 일반 투자자들이 대응하기 쉽지 않은 형태를 취하고 있다. 여기서, 두 번째 원, 음봉의 몸통을 돌파하는 자리가 음봉저격기법에서 매수의 완료 시점이다.

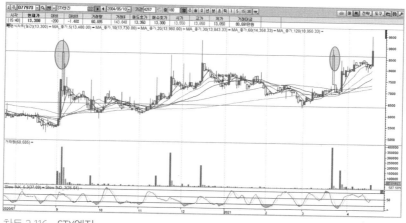

차트 2-116. STX엔진

⑧ 계곡형

주가를 지속 하락시켜 일반 개인 투자자들의 손절을 불러일으키면서 매집하는 형태로 단기적으로 V자 모양의 계곡을 만든다.

주가를 단기간 크게 하락시켜 놓고 다시 급하게 상승시키면서 매집을 한다. 이때 거래량이 급증하며 일반 투자자의 손절을 유도하고 단기적으로 물렸다가 주가가 회복하니 빠져나오려는 투자자들의 물량을 빼앗아가는 모양이다.

차트 2-117을 보자. 2020년 7월 14일 음봉이 발견되고 이후 음봉의 상단을 갭으로 돌파하는 모습에서 매집이 완료되었다는 신호로 해석하여 적극 매수에 참여할 시점이다.

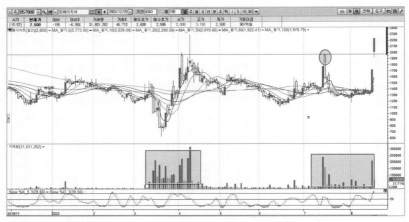

차트 2-117. 피에이치씨

　'음봉저격기법'을 만들게 된 동기가 바로 여기에 있었다. 급등하는 종목을 오래 기다리지 않고 초기에 매수할 방법은 없을까 고민을 하다가 수많은 급등주를 연구 분석하여 하나의 기법으로 만들게 되었다. '음봉저격기법]은 3부에서 다시 설명할 것이다.

⑨ 음봉형

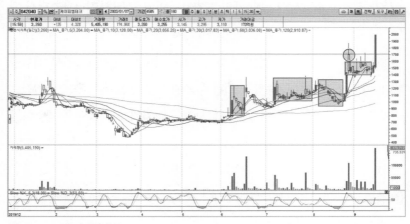

차트 2-118. 케이피엠테크

매집할 때 세력마다 특성들이 있어서 그들만의 특성을 차트에서 읽어 내는 게 중요하고 이런 특성을 이해하면서 세력주에 동참을 해야 한다.

차트 2-118을 보자. 2019년 6월부터 거래량이 많이 증가한다. 한차례 강한 상승이 나오고 연속적으로 음봉이 나타나고, 또 강한 상승 후 연속적 음봉이 반복하는 특성이 보인다. 8월 27일 음봉 이후에는 주가가 크게 하락하지 않으면서 음봉이 지속 발생하고 음봉의 몸통을 강하게 돌파를 하면서 급등이 시작되었다.

차트 2-119를 보자. 4대강 사업으로 당시 여의도 자금들이 토목회사에 작전한다는 소문을 들은 사람들이 꽤 많았을 시기다. 2007년 3월부터 거래량이 폭증하고 단기 급등을 시키고 음봉이 매우 크게 나온다.

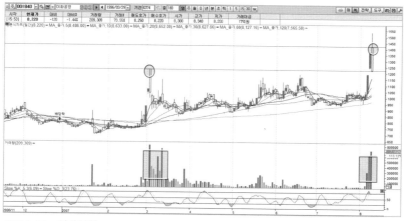

차트 2-119. 이화공영

이후에서 지속 음봉이 아주 많이 발생하는데 이 또한 고도의 심리전의 일환이다. 두 번째 원 음봉을 주시해야 한다.

차트 2-120은 주목해야 할 음봉을 돌파하고 초급등이 연출된 이후 거래량이 매우 활발하게 나타나는 모습에서 또 하나의 큰 상승을 준비하는 모양이었다. 당시를 솔직하게 털어놓으면 필자도 2008년 8월 22일 자로 이제

끝이라고 생각을 했었다. 그런데 이후 주가가 잘 내리지 않으면서 거래량이 워낙 활발하여 수소문한 끝에 어떤 정보를 접하게 되어 내막을 대충 알게 된 경우다.

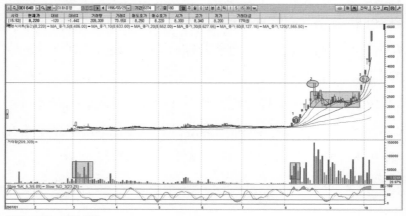

차트 2-120. 이화공영

일반적으로 8월 22일이면 모든 게 종료되는 확률이 99%다. 한데 이 종목은 세력의 운영자금이나 주체가 국내 최대급이었다. 작전주의 유형을 살펴본 이유는 이런 작전주에 가담하시라고 권유하는 차원이 아니라 최소한 어디서 빠져나오고 어떤 구간에서 들어가지 말아야 하는지 알려드리기 위함이다. 매도 5원칙을 지킬 수 있다면 작전주에 들어가셔도 된다. 그러나 이 원칙을 무시하면 그때는 큰 낭패를 보게 되므로 주의하자.

▌세력주 매도 원칙

흔히 세력이 아닌 종목이 없다고 한다. 외국인, 기관도 세력화되고 개인 특정 집단도 세력이 된다. 지수 대형주의 경우 작전을 하기에는 자금이나 비용이 너무 많이 필요한 관계로 대체로 중·소형주를 그 대상으로 하는 경우가 많다. 세력들이 매집하는 형태도 매우 다양하여 이 부분에 오랜 연구를 하지 않으면 쉽사리 매집을 파악하기 어려운데 필자의 경우 거래량 분석에서 '질적 거래량 분석'을 통해 파악하고 있다.

매집이 완료되고 나면 주가를 본격적으로 상승시키고 개인들 이목을 집중시킨 다음 물량을 개미들에게 던지고 빠져나오는데 많은 투자자가 여기서 물리게 된다. 따라서, 최소한 이런 경우에는 세력이 털고 나가는 모습일 가능성이 크므로 같이 매도를 하거나 매수하지 말아야 한다는 의미에서 다뤄본다.

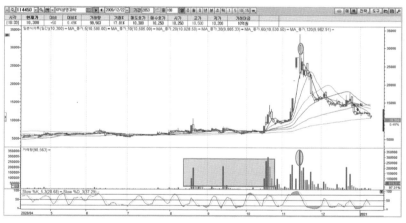

차트 2-121. KPX생명과학

차트 2-121은 짧은 기간에 집중 매집을 한 이후 고점에서 한 번에 매도를 진행한 사례다. 2020년 8월부터 10월 말까지 거래량이 많이 증가하고 특히, 급등 직전에 거래량이 대거 증가하는 모습을 볼 수 있다. 11월 13일 초대형 거래량이 발생한 음봉 자리가 세력이 한 번에 털고 나오는 자리인데 이때도 개인들이 이 물량을 모두 받아주면서 물리게 되는 상황이었다.

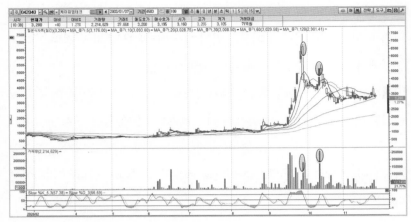

차트 2-122. 케이피엠테크

　차트 2-122는 원 표시한 부분 두 차례에 걸쳐 매도를 진행한 사례이다. 2020년 6월부터 거래량이 많이 증가하고 급등 직전에도 거래량이 매우 크다. 이것은 개인 투자자가 합세를 한 까닭이었다고 볼 수 있고 다소 작전이 원활하지 못하였는지 자금력이 부족했던 건지 알 수는 없지만, 첫 번째 원 장대 음봉과 이후 되돌림을 이용하여 초대형 거래량이 나오면서 매도 완료를 한 사례다. 당시 8월 27일 유튜브 구독자께서 '우리 음봉(3부 참고)'을 발견하고 상담을 하다가 매수 추천하여 큰 수익을 본 종목이기도 하다.

　차트 2-123을 보자. 2020년 2월부터 거래량이 많이 증가하면서 매집이 집중되었고 이후 기간 조정을 다소 길게 가져간 이후 8월 마지막 매집을 하고 주가를 급상승시켰다. 거래량 첫 번째 원에서 대부분 물량을 정리한 이후에 되돌림을 주는데 이때 개인들의 추격 매수가 엄청났고 두 번째 원에서 잔여 물량을 털어내는 사례였다.

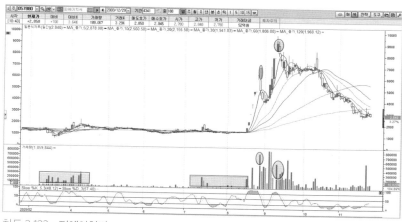

차트 2-123. 피에이치씨

　　앞의 3종목에서 알 수 있는 것은 급상승 후 거래량이 많이 증가하면서 음봉이 생기면 일단 같이 매도해야 한다는 점이다. 작은 세력의 경우 물량을 일거에 매도하지만 다소 큰 세력은 매도를 여러 번에 걸쳐서 진행하기 때문에 이 과정에서 개인들이 물리게 되는 경우가 많다.

　　본인의 역량이 급등주에 대한 이해도가 낮다고 판단되면 고수익을 좇아 불나방처럼 뛰어들기보다는 내 분수에 맞는 종목을 선택해야 한다. 설령 운이 좋아서 급등주를 타서 먹었다 하더라도 이런 운은 자주 오지 않는다.

　　이번 사례는 거래량에서는 전혀 포착할 수 없는 사례들이다. 다음 사례를 보면서 필자는 아직 의문이 남기는 하지만 일단 어떤 기준에서 매도해야 할지를 같이 살펴보자.

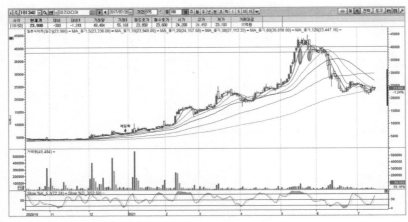

차트 2-124. 이즈미디어

차트 2-124에서 2020년 10월부터 거래량이 많이 증가하면서 집중 매집이 보인다. 2021년부터는 거래량도 많지 않은 가운데 주가는 지속 상승을 하면서 개인 투자자들에게 이목을 끌었다. 2021년 5월 들어 주가가 정체되기 시작하더니 6월부터 급속히 하락하는 모습이다. 거래량으로 보면 세력이 빠져나간다고 판단하기 어렵다. 또한, 현재까지 세력이 남아 있을 가능성도 크다고 보이지만 그런데도 위험 구간에서 매도한 이후 재매수를 고려해보는 전략이 좋으리라 판단했다. 매도의 근거는 5월 13일 14일 연속으로 발생한 상승 갭이다. 이를 지지선으로 삼아 지지선 이탈 시에 매도하는 전략을 취해 볼 수 있다. 실전에서 쉽지 않지만 사례 연구를 통해서 익혀 놓으면 비슷한 유형에서 대처할 힘이 생길 것이라 믿는다.

차트 2-125는 2020년 상장과 더불어 매집을 한 사례이다. 특히 10월 11월 사이에 거래량이 집중되어 있다. 12월부터 주가는 크게 상승하는데도 불구하고 거래량은 그다지 크지 않다는 점에서 위 사례와 유사한 패턴이다. 거래량으로 보면 2021년 초 꼭지 부근에서 세력이 털고 나간다는 흔적을 찾기 어렵다. 매도를 할 수 있는 근거를 찾아보면 급등하는 속도가 줄었다는 점과 꼭지 부근에서 하락 갭이 나왔다는 점이다. 이 두 근거를 갖고 매도를 진행하였다면 상당한 실력자다.

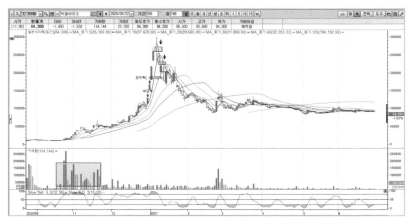

차트 2-125. 박셀바이오

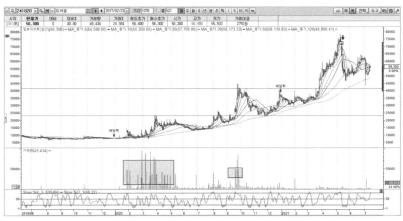

차트 2-126. 피씨엘

또 다른 사례를 보자. 차트 2-126은 코로나 19 진단키트를 생산하는 업체로 당시 씨젠, 엑세스바이오, 피씨엘이 3인방이라고 칭한 시점이었다. 동사

역시 고점 부근에서 거래량으로 매도를 포착할 수가 없다. 이런 경우 거래량을 분석하는 처지에서는 상당히 곤욕스러우나 매도의 근거는 보인다.

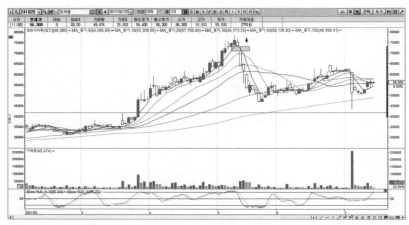

차트 2-127. 피씨엘

확대해보니 고점 부근에서 하락 갭이 선명하게 보인다. 필자 매도 5원칙 중에 눈으로 보고 기계적으로 매도하는 시점이다. '달리는 말에 타라'는 말이 있다. 이것은 상승 추세가 잘 형성된 종목을 매수하라는 것이지 위에서처럼 급등주를 매수하라는 말이 아니다. 급등주의 경우 수익도 크게 나지만 위험도 그만큼 크기 때문에 스스로 위험관리가 되지 않는 상태라면 급등주를 매수하는 것은 말리고 싶다. 주식 시장에서 살아남는 게 우선이다. 살아남아야 기회가 생긴다.

차트 2-128을 통해 소위 세력주라고 하는 동신건설을 보자. 양적 개념으로 해석이 다소 어려운 종목이지만 거래량의 전체 흐름만 쫓아서 매매 신호를 발생시켜 보았다. 7번의 매수 신호와 8번의 매도 신호가 발생하였다.

차트 2-129 네모 부분에서 심각한 오류가 발견된다. 이것을 어떻게 해석할 수 있을까?

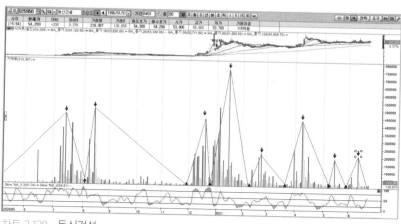

차트 2-128. 동신건설

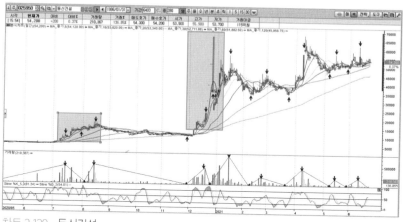

차트 2-129. 동신건설

거래량과 주가를 분석할 때 양적 개념과 질적 개념으로 나누어 구분하는 이유는 매집할 경우 거래량과 주가에 상당한 오류가 나타나는 것을 발견할 수 있기 때문이다. 즉, 네모 부분이 매집의 부분으로 해석할 수 있어야 한다. 이런 심각한 오류는 세력주에서 상당히 많이 발견되고 있어 통상적 양적 개념으로 해석할 수 없을 경우 질적 개념으로 파악하여 매집으로 추론해 볼 근거가 될 수 있다. 적극적 매집 기간 이외 구간에서는 통상적인 양적 개념이 적용된다.

2020년 가장 대표적인 세력주를 살펴보자. 동사는 필자에게도 거의 1,000%라는 기적 같은 수익을 안겨 준 종목이다. 차트 2-130에서 보이는 집중 대형 거래량이 매집의 부분이다. 5번의 매수 신호와 5번의 매도 신호가 잡힌다.

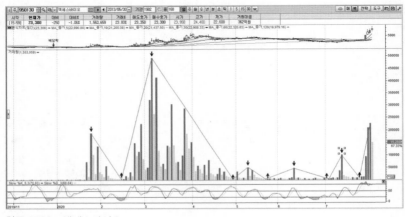

차트 2-130. 엑세스바이오

차트 2-131 속 네모난 부분의 주가 흐름과 아래 거래량의 흐름을 보면 완전 반대 모습을 보여준다. 저런 상식적인 범위에서 이해 되지 않는 부분을 우리는 주가, 거래량의 질적 개념으로 해석하고 이 부분을 매집으로 추측할 수 있어야 한다.

이후 주가는 폭등하여 2020년 최대 화제주가 되었다. 차트 2-132의 원 부분은 필자가 매수한 자리로 '음봉저격기법'으로 매수 추천한 자리이다. 거래량으로 매매해 보라 하면 거의 대부분 투자자들이 이해하지 못한다. 뭔 거래량만 보고 매매를 하라니 돌았어? 이제 좀 감이 잡히시는가? 주가는 거래량의 그림자일 뿐 주가 자체는 의미가 크지 않다는 것을. 주가를 결정하는 요소는 거래량이므로 먼저 거래량의 움직임을 파악한다면 조만간 주가의 흐름이 어떻게 될지 예측이 일부 가능해지지 않을까 한다. 이런 이유로 거래량은 아무리 강조하여도 지나침이 없다.

캔들의 모습이 어떻고, 이동평균선이 어떻고, 볼린져밴드가 어떻고 하는 모든 것은 추세와 거래량을 기반하지 않으면 그저 멍멍이 짖는 소리로밖에 들리지 않는다.

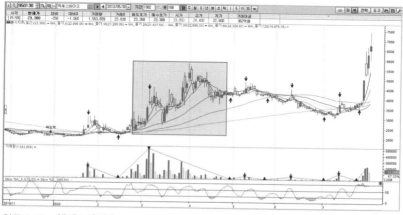

차트 2-131. 엑세스바이오

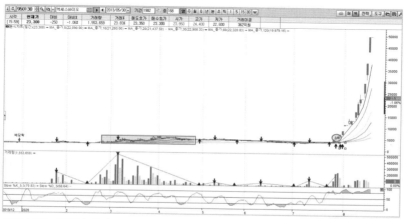

차트 2-132. 엑세스바이오

나간 김에 좀 더 들어가서 분봉에서도 이것이 통하지는 살펴보자.

최근 다이나믹 했던 대선 테마주를 본다.

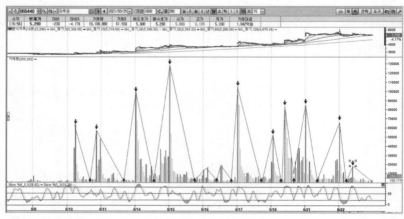

차트 2-133. 이루온

차트 2-133을 보면 2021년 06월 10일부터 22일까지 9거래일 동안 11번의 매수 신호와 12번의 매도 신호가 발생한다. 필자는 최대한 디테일하게 거래량을 따라간 것이므로 좀 더 매매 신호를 포착하고자 한다면 중간에 작은 파동을 제거해 보면 될 것이다.

차트 2-134를 보자. 어떠한가? 이보다 더 정확하게 매수, 매도 신호를 포착할 수 있는가? 어떤 지표로 이런 정확한 신호를 얻어 낼 수 있는가? 여러 종목 중에 매매 신호가 정확히 들어오는 종목으로 선별하여 원고를 썼다고 의심할 수도 있기에 위와 같은 방법으로 당장 책을 덮고 컴퓨터 앞에서 아무 종목이나 잡고 10개 중 몇 개 종목이 이 원리에 부합하는지 직접 확인해 보라.

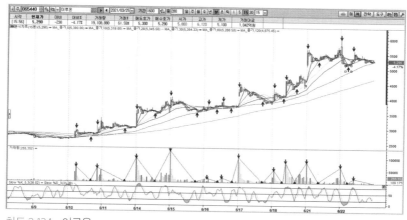

차트 2-134. 이루온

필자의 35년 노하우가 함축된 비법이다. 최고라고 할 방법들이지만 아무리 좋은 기법이나 강의도 본인이 이를 습득하지 않으면 꽝이다. 너무나 중요해서 한 번 더 강조하고자 한다.

"주가는 거래량의 그림자다."

▌ **핵심**

주가만 쳐다보면 모든 걸 잃는다. 대량거래를 동반한 음봉이 나올 경우 추세 하락전환의 신호로 볼 수 있으며 이 경우 일단 매도하는 것을 원칙으로 한다. 주가가 빠른 되돌림이 없을 때는 추가 하락 가능성이 매우 크고, 이후 반등 시에 이 음봉은 강한 저항 역할을 하게 된다. 따라서, 되돌림이 장중에 일시적으로 발생 되는 경우가 많다(단기 차익 실현).

기준거래량은 실전 매매에서 반드시 익혀야 할 중요한 부분이다. 이 부분 하나만 숙지하고 차트에 선을 그을 수 있다면 이미 초보가 아니다. 기준거래량의 주가 위에 있는 종목으로 매매하고, 되도록 근접해 있는 종목을 선정하라.

정리하면 기준거래량은 추세의 전환 신호로 해석할 수 있고 추세 상승 중에 기준거래량은 또 다른 강세장이나 추세 전환이 될 수 있으므로 예의 주시해야 한다. 주가가 기준거래량 위에 있는 종목을 선정해야 하락의 위험이 작고 상승할 때 잘 상승하므로 기준거래량이 있는지와 주가의 위치가 기준거래량 위에 있는지 등을 먼저 확인하고 종목을 선정한다.

9. 테마주

▌테마주에 접근할 때 주의사항

테마주에는 늘 대장주가 있기 마련이다. 대장주의 특징은 상승 시기가 가장 빠르고 상승의 탄력성도 가장 좋다. 반면 하락 할 때는 아주 천천히 하락한다. 반대로 쫄병주는 상승은 더디고 하락은 빠르다. 많이 상승한 대장주를 매수하려니 떨어질까 두려워 상대적으로 덜 상승한 쫄병주를 매수하는 경우가 많은데 이는 테마주의 특성을 몰라서다.

메타버스 테마주를 예를 들어보자.

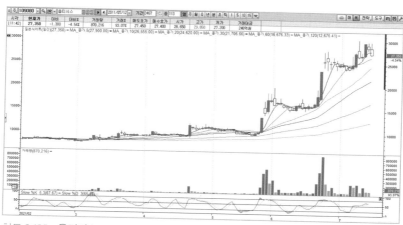

차트 2-135. 옵티시스

차트 2-135를 보자. 대장주격인 옵티시스는 5월부터 급등을 시작하였다.
상승할 때는 강하게, 하락할 때는 아주 천천히 하는 모습이다. 차트 2-136
의 쫄병주를 보면 상승 시기가 한 달 정도 뒤에 나타나고, 상승할 때 속도
도 대장주와 많은 차이를 보인다.

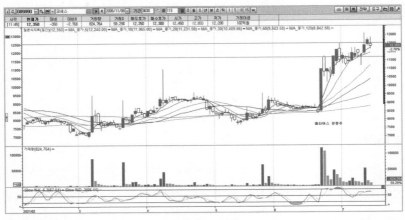

차트 2-136. 코세스

다시 정리해 보면 테마주는 수급이 좋아져서 거래량이 증가하며 그로
인해 주가가 상승할 가능성이 크다는 측면에서 시장의 변화에 늘 관심을
가지고 주목을 하자.

차트 2-137은 정치 테마주로 윤석렬 테마 대장주 역할을 하고 있다.
2020년 11월 초 초대형 거래량이 발생한 이후에 주가가 내리지 않고 버티
다가 다시 기준거래량이 생기고 이후 거래량이 감소하면서 하락하는 모
습을 보여준다. 그림 상 음봉의 몸통 가격을 대략 1만 원으로 보고, 위꼬리
11,600원으로 보자 저 큰 저항을 어떻게 상향 돌파할 수 있을까?

차트 2-138을 보면 역시 초대형 거래량으로 돌파한다. 저만한 거래량이
없으면 저항을 상향 돌파하기는 불가능에 가깝다. 그리고 이후 상황을 보
면 2020년 말 상황과 다른 주가 흐름을 보여주는 게 매우 인상적인데 거

래량이 감소함에도 주가는 하락하지 않는다는 점이다. 왜 그럴까?

당시 윤석열 검찰총장 사퇴 후 정치에 입문할 것이라는 기대감이 매우 컸던 상황이었다. 이로 인하여 매수 후 보유하고자 하는 투자자들이 증가하였고 이는 주가에 그대로 투영되어 반영된 것이라 해석할 수 있다.

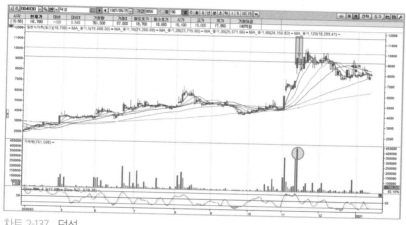

차트 2-137. 덕성

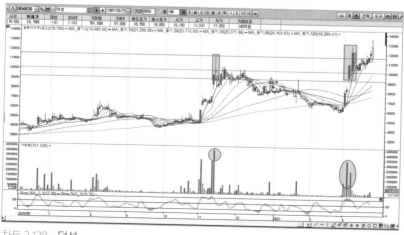

차트 2-138. 덕성

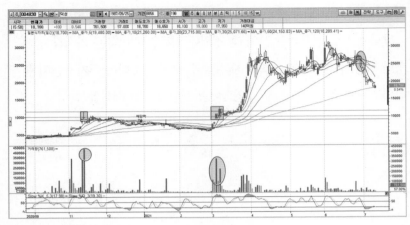

차트 2-139. 덕성

이후 주가는 고공 행진을 하였다. 2021년 6월 말경 윤석열 부인 김건희 씨 악재로 인하여 주가가 급락하기 시작하는 모습을 보여준다. 이처럼 정치 테마주는 여론조사나 뉴스 등 많은 외부 변수에 의해 주가가 요동치는 경우가 많으므로 주린이는 되도록 피하라고 권하고 싶다.

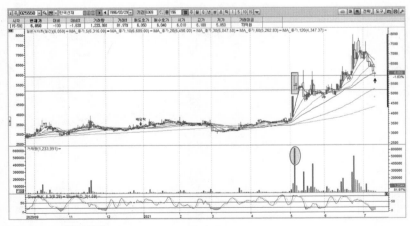

차트 2-140. 한국선재

차트 2-140은 홍준표 테마주이다. 국민의힘으로 입당 직전부터 주가가 움직이기 시작하였다. 2021년 5월 초 기준거래량이 발생하고 한 달 넘게 저항 역할을 하다가 6월 말경 대량거래와 함께 상향 돌파한 이후에 거래 량 없이 가격 조정이 나오고 있다. 여기서 주목해 볼 것은 기준거래량에 위 치한 캔들 위 꼬리가 이제 지지선 역할을 할 것이라는 예측을 해 본다. 따 라서 화살표처럼 저점 매수에 가담할만한 위치에 있다고 전망을 해 본다.

3부

투자의 기법

10. 음봉저격기법(애칭-우리 음봉)

▌정의

2~3개월 정도의 매물을 돌파한 음봉을 주시하여 매수 하는 기법.

▌기법 개발 목적

급등하는 종목을 초기에 알아차릴 수 없을까? 하는 고민으로부터 태어난 기법이다. 이 기법은 추세보다 거래량에 의지하여 운용되는 경우가 많다. 기법에서 음봉의 출현으로 세력의 입성을 알아차린다고 이야기하는데 우리 음봉 이전에 세력의 매집 흔적을 찾아내는 것이 기법의 핵심이다. 이에 아래 매수 조건들은 급등주가 될 만한 종목을 초기에 매수하는 데 필요한 조건들이며 무엇보다 종목 선정 시에 음봉 이전에 매집의 흔적을 찾아 해석하는 것이 중요하다.

▌5가지 매수 조건

① 음봉 다음날 상승 출발이 큰 종목부터 공략한다

우리 음봉이 출현되고 다음날 여러 종목 중에서 시초가에 상승을 많이 하는 종목이 좋다. 이는, 우리 음봉이 매집 막바지에 출현하는 트릭 음봉일 때는 다음날 강한 상승을 하는 경우가 많기 때문이다.

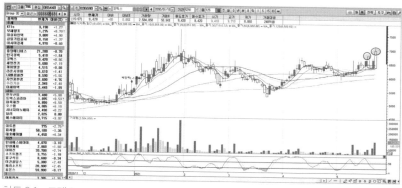

차트 3-1. 코맥스

왼편에 관심 종목을 편집하는 곳이 있다. 필자의 경우 그림처럼 관심 종목과 차트를 한꺼번에 띄워서 여러 종목의 움직임과 특정 종목을 클릭하여 차트로 곧바로 확인한다.

이때 왼편 관심 종목 음봉 저격기법 후보 종목 중에서 오전 8시 40분부터 9시 직전까지 동시호가가 나타나는데 이때 가장 호가가 높은 종목부터 관심을 두고, 9시 이후 시가 형성이 될 때 9시부터 집중 모니터링해서 시가 상승이 가장 높은 종목부터 분할 매수에 들어간다.

② 음봉 마감 당시 갭이 존재할 경우 갭 상, 하단을 의지하여 매수 한다

우리 음봉이 출현하는 날과 그 전날에 갭(공간)이 있을 때는 갭이 강한 지지선 역할을 하는 경우가 많고 강한 종목일수록 갭의 상단을 지지하고, 그보다 약하면 갭 하단을 지지하고, 갭을 완전히 이탈할 경우, 추가 하락 가능성이 크다.

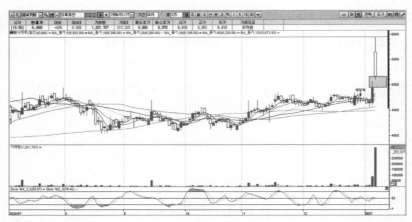

차트 3-2. 대륙제관

바닥권에서 대량거래를 동반하여 우리 음봉이 출현하였다. 전일 양봉과 당일 음봉 사이에 공간을 갭이라고 하고 이런 갭은 추후 지지선 역할을 할 가능성이 있다.

차트 3-3. 대륙제관

아쉽게도 다음날 갭을 메꾸면서 추가 하락 위험이 커졌다.

③ 바닥권에서 대량거래를 동반한 음봉은 세력의 입성일 가능성이 커 분할 매수 한다

대부분 세력주에서 나타나는 공통적 현상으로 갑자기 거래량이 급증하고 이후 그러한 거래량이 자주 발생할 경우에는 세력의 매집일 가능성이 크다. 이때 주가가 요동치는 상황이 연출되므로 초보자들은 이 시기를 피하는 게 좋다.

차트 3-4를 보면 갑자기 거래량이 급증하면서 단기 급등 후 우리 음봉이 출현한다. 이런 경우 초보자들이 기법 원칙으로만 접근하기엔 매우 무리가 있다. 즉, 앞에 매집이 된 상황이 아니라 이제 매집이 시작되는 국면이어서 롤링이 매우 심하다.

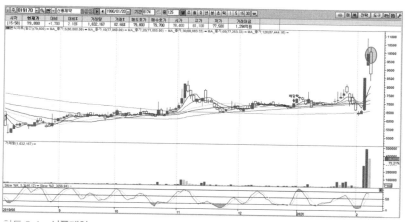

차트 3-4. 신풍제약

차트 3-5를 보면 우리 음봉 다음날 곧바로 갭 하락이 나오면서 매수 접근하기 어려운 상황이다.

차트 3-5. 신풍제약

④ 4. 2에서 갭이 메우더라도 아래 지지력을 갖는 이동평균선이 있어 분할
   매수하고 최초 음봉의 상단을 종가로 돌파할 경우에는 매수 완료한다

　이는 우리 음봉이 출현했을 때 분할 매수하는 방법을 설명하는 것으로
음봉 당일 종가에 100에 30을 매수하고, 이후 갭의 지지력, 이동평균선의
지지력을 보면서 저점 매수하는데 이때 100에 30을 추가매수하고, 이후
우리 음봉 상단을 종가 상 돌파할 경우 100에 40을 매수하여 매수 완료를
하게 된다.

　차트 3-6을 보면 갭을 가진 우리 음봉이 나오고 다음 날 갭을 메꾸어 놓
았으나 아래 이동평균선이 밀집되어 강한 지지력이 있다고 판단하고 추가
매수 하는 상황이다. 2020년 8월 해당 차트의 회사를 추천한 바 있다.

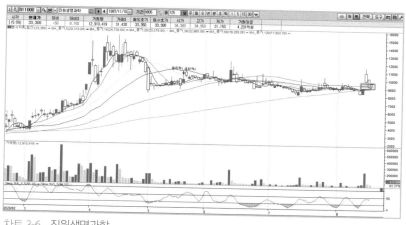

차트 3-6. 진원생명과학

⑤ 5. 5거래일 동안 음봉의 상단을 넘기지 못하면 매도한다

우리 음봉 출현 이후 분할 매수를 진행하였음에도 5거래일 동안 음봉 상단을 돌파하지 못하면 매수 완료가 될 수 없고 이 경우 추가 조정을 염두에 두고 일단 물러서는 전략이다.

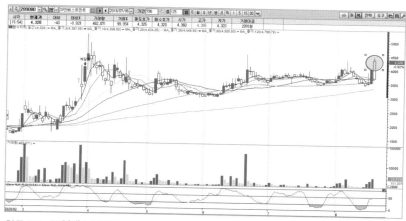

차트 3-7. SV인베스트먼트

차트 3-7의 경우 우리 음봉이 잘 나온 케이스다. 앞에 매집 흔적이 있고,
기간 조정도 충분하였다.

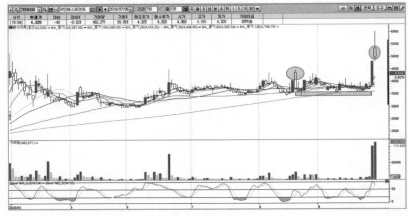

차트 3-8. SV인베스트먼트

이후 한 달 정도 기간 조정을 거치고 거래량 급증하면서 상한가, 그리고
또 우리 음봉 출현. 이런 기간 조정도 나타난다.

실전 사례 연구 19. 엑세스바이오

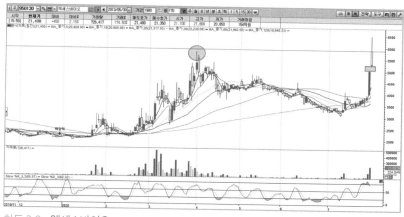

차트 3-9. 엑세스바이오

2020년 07월 28일에 음봉 저격기법에 해당하는 음봉이 발생했다.

당시 코로나 19로 인하여 진단키트 관련주 및 마스크, 제지, 제약, 바이오 업종의 급등 양상이 시작되는 시점이었고, 2020년 초부터 거래량이 급증하면서 초기 매집 세력의 진입으로 판단 음봉 발생 당일 100에서 30을 매수 추천했다. 다음날인 29일 상승 출발하는 것을 보고 30 추가매수하고, 종가 무렵에 전일 음봉 상단을 돌파하여 마감하는 것을 확인하면서 매수 완료한 사례였다.

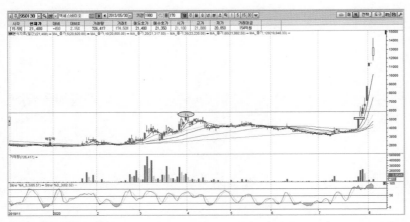

차트 3-10. 엑세스바이오

이후 주가는 급등이 진행되었고, 8월 5일 다시 음봉이 발생 되었으나 매도하지 않는데 그 근거는 급등주 매매기법에서 설명하겠지만 급등주의 경우 전일 종가 3% 침범 시 매도한다는 원칙이 있어 보유를 결정하였다.

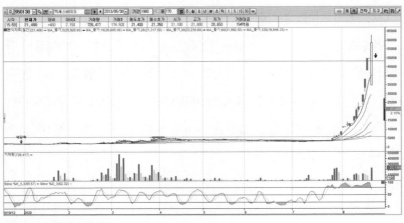

차트 3-11. 엑세스바이오

이후 재차 급등이 이어졌고, 최종 매도가격을 선으로 표시하였다. 평균 매수 가격 약 6천 원, 최종 매도 가격 약 5만 원 정도였다.

실전 사례 연구 20. 한국파마

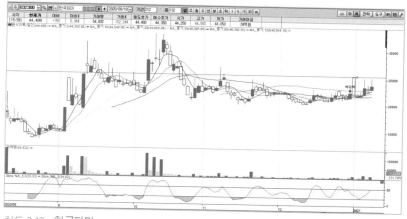

차트 3-12. 한국파마

2020년 12월 30일에 최초 음봉 저격기법에 해당하는 음봉이 발생했다.

이 종목은 유튜브에서 라이브 리딩 하던 시기였는데 우연히도 구독자가 우리 음봉이 들어 왔다고 해서 최초 발생일 다음 날 100에서 30일 매수 추천하였다.

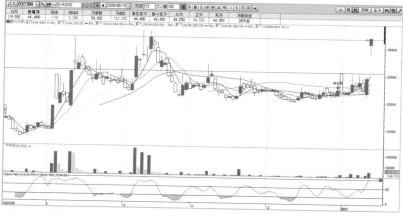

차트 3-13. 한국파마

추천 이후 약 1주일 정도 주가는 다소 답보 상태였으나 아래 지지선들을 믿고 홀드 하던 중 21년 01월 13일 아주 높은 갭상승을 보이고 종가 상 상한가 안착을 확신하면서 매수 완료한 사례였다.

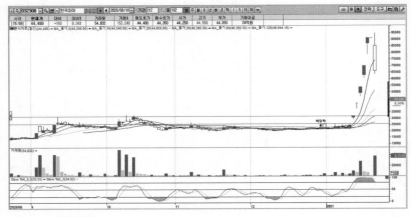

차트 3-14. 한국파마

매수 완료 이후 초급등을 보였고, 이후 21년 01월 21일 아침에 갭 하락을 보면서 즉각 매도 추천한 종목이었다.

실전 사례 연구 21. 진원생명과학

차트 3-15.　진원생명과학

2020년 08월 14일 최초 음봉이 발생했다. 이 종목은 꾸준히 관찰하던 터라 음봉 발생 시 종가 100에서 30을 매수 가담하였다.

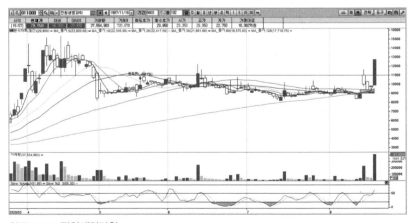

차트 3-16.　진원생명과학

30 매수 이후 조정이 나왔으나 아래 이 평선들을 의지하면서 보유하였고, 그림 상 마지막 날 매수 완료하였다.

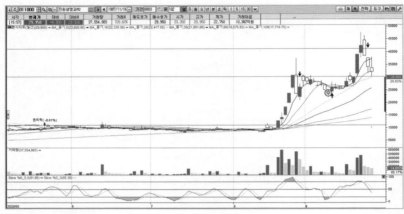

차트 3-17. 진원생명과학

8월 27일 갭 상승 없는 것으로 보아 시세 약화를 예상하고 시초가 부근 전량 매도 추천하였다. 위 사례에서 먼저 우리가 느껴야 할 점은 시장의 주도주들이 제약, 바이오군에 있었다는 것이다. 당시 이들 업종 대부분 종목이 급등을 경험하였다.

기법에 따라 매수, 매도를 진행하였지만, 그보다 시장에서 지금 어떤 업종의 종목들이 잘 상승하는지 파악하는 게 우선이 되어야 한다. 급등주 매매기법에서 언급하겠지만, 음봉 저격기법과 급등주 매매기법은 상호보완 작용을 하므로 두 기법을 모두 익혀야 한다.

⊞실전 사례 연구 22. 동신건설

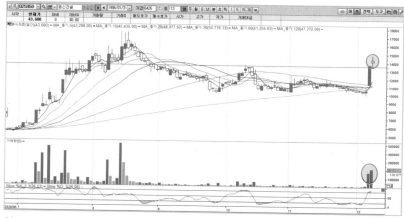

차트 3-18. 동신건설

2020년 12월 7일 우리 음봉 발생 2개월 이상의 매물을 돌파하면서 거래량이 증가하는 모습이다. 그리고 갭까지 동시에 발생해 종가 1차 매수가 충분히 가능한 상황이다.

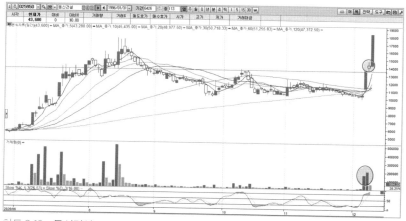

차트 3-19. 동신건설

다음날 상승 출발과 더불어 전일 종가를 넘는 모습을 보고 시가에 매수 완료되는 시점이다.

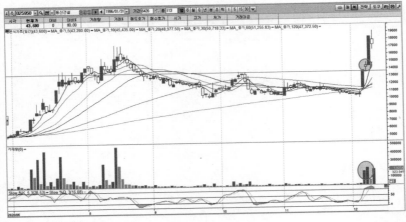

차트 3-20. 동신건설

12월 9일 시가부터 하락 출발과 함께 장중 3~5%를 침범하고, 전일 종가 3% 침범하여 마감하여 전량 매도 처리하였다.

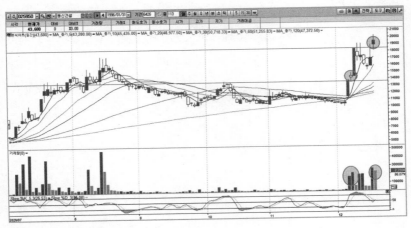

차트 3-21. 동신건설

　매도 이후 일정 조정이 나온 후 12월 16일 높은 상승 출발을 하면서 앞에 저항을 갭으로 돌파하는 급등주 모습을 보면서 시가에 매수에 참여함. 음봉 저격기법으로 매수, 급등주 매매기법으로 매도, 다시 급등주 매매기법으로 재매수한 사례다.

⊞ 실전 사례 연구 23. 카스

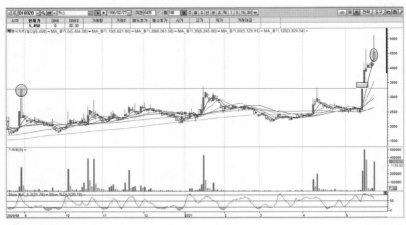

차트 3-22. 카스

위 차트 또한 필자의 추천종목이었다. 2020년 8월 발생한 매우 큰 음봉 이후 우리에게는 매수 신호가 잡히지 않았다. 2021년 5월 16일 상한가 시세 이후에 17일 갭 상승하여 급등주 형태로 매수에 진입하는 시기였다. 이 경우 필자는 2020년 8월 이후 특정 세력의 매집을 감지하고 2,500원대 저점 매수한 상태였다.

위 사례에서 우리 음봉이 들어온 이후 상당한 시간이 지나면서 매집이 이뤄지고 급등의 초기에 상한가 또는 우리 음봉이 출현하는 경우가 많다는 점이다. 따라서 상한가 시세를 준 종목의 경우 앞에 흐름이 어떤지를 살펴볼 필요가 있다.

실전 사례 연구 24. 대한전선

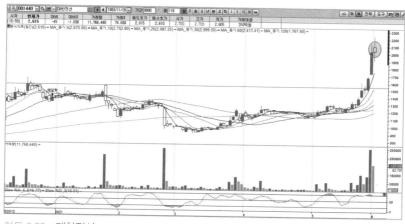

차트 3-23. 대한전선

2021년 6월 1일 우리 음봉이 발생하였다. 당시 주가가 이미 상당히 상승한 상태라 다소 부담스러운 위치였다. 이런 경우 5일선과 거리도 멀고 조정할 때는 즉각 손절해야 하는 위치다.

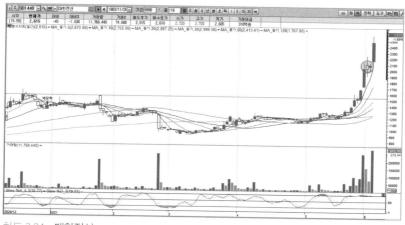

차트 3-24. 대한전선

다음날 상승 출발하여 매수 신호가 나오고, 그 다음 날 갭 상승하면서 매수 완료 신호가 발생하였다.

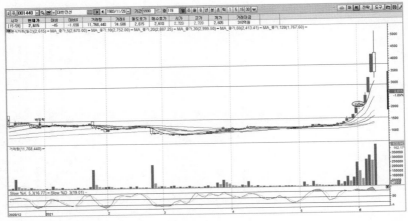

차트 3-25. 대한전선

매수 완료 이후 초급등이 나타나고 마지막 날 장대 음봉이 나타난다. 이때 급등주 매매기법에서 전일보다 갭의 크기가 작으면 시세가 약화하는 신호로 해석하고 장중 고점 매도를 준비해야 한다고 하였다.

실전 사례 연구 25. 이트론

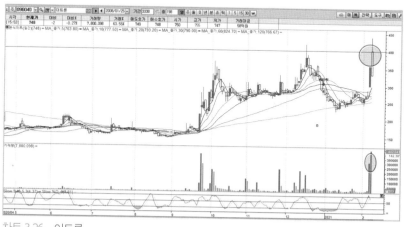

차트 3-26. 이트론

　　2021년 2월 5일 앞에 몸통을 돌파하는 갭 상승 이후 우리 음봉이 출현 이때도 전일 급등에 따라 5일선과 거리가 멀어서 즉각 매수하기 부담스러운 자리다.

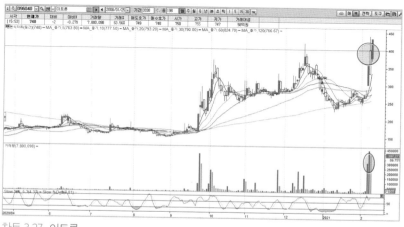

차트 3-27. 이트론

하지만 다음날 상승 출발이 아주 강하여 즉각 매수가 참여하고, 종가 상
으로 음봉의 몸통을 돌파하는 상황이라 매수 완료를 진행해야 했다.

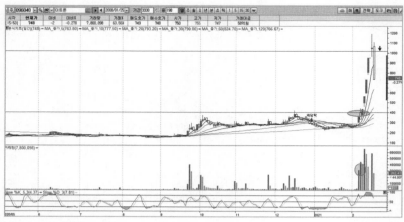

차트 3-28. 이트론

초급등 후 2월 17일 고점에서 음봉이 나타나면 일단 시세 약화로 매도
를 진행하고 다음 날 전일 종가를 3~5% 하락 침범할 경우 전량 매도를 진
행해야 한다.

실전 사례 연구 26. 테마주 사례

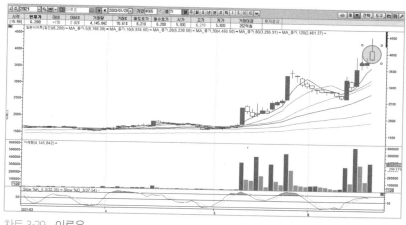

차트 3-29. 이루온

대선 테마주로 감사원장인 최재형 대장주이다. 우리 음봉이 출현한 상태에서 위에 조건들을 살펴보자.

음봉저격기법 매수 제1 원칙, **음봉 후 시초가 상승 출발하면 매수 한다**는 기준이 있다. 매수 하기 전 먼저 살펴볼 사항은 정치 테마로 갑자기 거래량이 크게 증가하기 시작하여 시장에 주목을 받고 있다는 점, 그리고 5월 말쯤에 거래량이 감소하였지만 5월 25일 기준거래량 하단을 유지하였다는 점, 이후 거래량 증가하면서 급등으로 회복한 모습으로 볼 때 시장 참여자들이 주가 상승 기대감이 매우 크다는 걸 알 수 있다. 또한, 음봉 직전 이틀 동안 쉬어가는 모습에서 상당히 견조한 흐름을 보여주고 난 뒤 우리 음봉이 들어 온 상태다.

필자가 음봉 이전 상황을 자세히 기술한 이유는 기법 소개에서도 언급하였듯이 음봉 하나의 모습만 보지 말고, 그 이전 상황이 더 중요하니 종목을 선택할 때도 이점을 특히 유의하여 선전해야 한다.

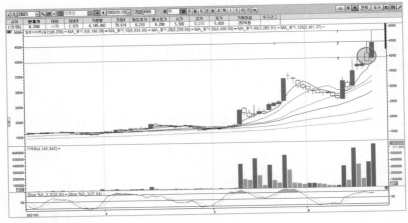

차트 3-30. 이루온

음봉 다음날 시초가 상승 출발하여 매수 조건을 충족하였다. 그리고 종가에 우리 음봉 상단을 돌파한 상황이므로 매수 완료 신호로 해석한다는 기준에 부합된다. 그리고 새로운 기준거래량이 생기고, 새로운 지지선을 설정해 두었다.

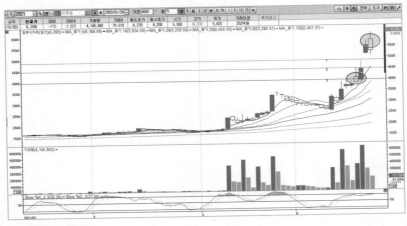

차트 3-31. 이루온

다음날 상당히 큰 상승 출발을 하면서 초 급등 시세가 나오고 다음 날 다시 우리 음봉이 출현하였다. 급등주 매매기법에서 소개하겠지만, 우리 음봉기법으로 대응한 종목이나 급등주 양상으로 전개되므로 두 기법을 조화롭게 응용할 필요가 있다. 급등주 매도 원칙 중에 '전일 종가 3%' 침범 시 매도하는 게 있다. 이 원칙에서 보자면 종가 무렵에 매도를 진행해야 한다.

다음날 갭 하락이 나오고 익일 상승 출발, 이런 디테일한 부분까지 해석하여 매매 가담하기는 오랜 훈련을 거치지 않는 이상 실전에서 바로바로 해석하기란 쉽지 않을 것이다

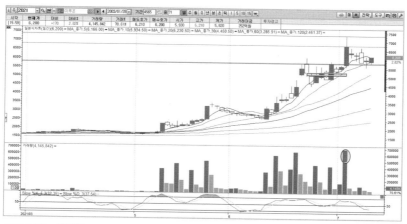

차트 3-32. 이루온

21년 7월 2일 새로운 기준거래량이 생기고 주가는 급등하여 마감하였다. 늘 말하지만, 거래가 급증하면 체력이 고갈되어 쉬어가는 과정을 거친다.

이런 쉬어가는 과정 없이 달리는 종목도 가끔은 있지만 그리 많지 않다. 현재까지 진행된 상황을 정리해 보았다. 여기서 독자께서 아셔야 할 부분은 5월 말경 6월 초 조정 구간과 함께 다음에 거래량을 증가시키면서 급

등한 모습이다.

여기서 위에서 언급하였듯이 이 종목에 참여하고 있는 투자자들의 심리를 알아차리고 매매에 집중하는 일이다. 이 부분 해석이 가능하기까지 쉽지는 않겠지만 공부하고 노력해야 한다. 돈 버는 일이 그리 녹록하지 않다.

같은 정치 테마 하나를 더 살펴보자.

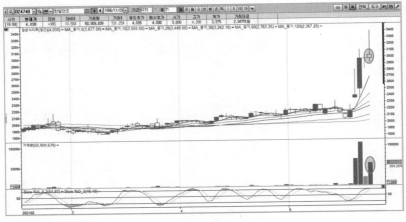

차트 3-33. 한일단조

2021년 5월 27일 우리 음봉이 처음 발견된다. 위에서 여러 번 언급하였듯이 음봉이 발견되었다고 무작정 들어가는 것이 아니다. 음봉 이전에 어떤 움직임이 있었는지 살펴보는 게 중요하다. 보시다시피 음봉 이전에 어떤 매집 흔적이나 시세를 분출한 모습이 전혀 없었다.

거래량 파트에서 언급하듯이 바닥권에서 갑자기 거래량이 왕창 터지면 이는 바닥 신호로 해석해야 한다고 말하였다. 동사의 경우 이제 관심 종목에 넣어 두고 관찰을 시작해야 하는 단계다.

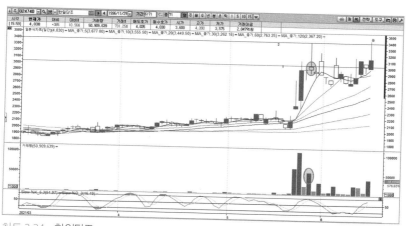

차트 3-34. 한일단조

첫 음봉 이후 하락 출발하여 매수 시그널이 포착되지 않았고 다음 날 갭 상승이 강하게 들어 왔으나 거래량의 부족으로 다시 밀리면서 음봉이 출현 이후 거래량을 보면 주가가 상승할 수 없는 상황이다. 그리고 마지막 날 6월 14일 거래량 증가와 함께 의미 있는 상승을 보여주었다.

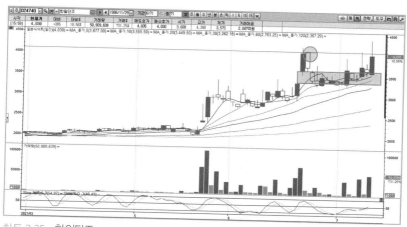

차트 3-35. 한일단조

6월 22일 음봉 출현, 당시 거래량은 적은 상황 그리고 마지막 날 강한 상승으로 우리 음봉 근처까지 도달한 상황이다. 2021년 5월 27일 첫 우리 음봉이 출현하고 이후 약 한 달 만에 음봉이 다시 출현. 6월 18일과 21일 사이에 발생한 갭에 네모 표시를 해 두었다. 보면 알겠지만, 이 갭이 지지선과 저항선 역할을 하고 있다.

그림 아래 거래량 추이를 잘 살펴보면 아주 재미있다. 독자들은 재미있다는 말에 어느 정도 공감하시는가? 만약 공감한다면 공부가 많이 된 분으로 인정한다.

거래량 추이를 보면 갭(네모 부분) 안에서 거래량이 적으면 주가는 지지선에 의지해서 더 하락하지 않고 거래량이 증가하면 갭 상단을 돌파하려는 움직임이 여러 번 나온다. 이것을 보고 이 종목에 참여하고 있는 투자자들의 심리를 짐작해 봐야 한다. 추측건대 주가 추가 상승을 기대한 투자자가 상당히 많다는 의미로 해석되고 아직 확신을 갖지 못하고 있는 상황으로 보인다. 따라서 이후 주가가 6월 22일 음봉 상단을 돌파하는 모습이 나타난다면 참여한 투자자들은 좀 더 자신 있게 매수 이후 보유를 결정할 가능성이 크며 이후에는 좀 더 강한 상승도 기대해 볼 수 있을 듯하다.

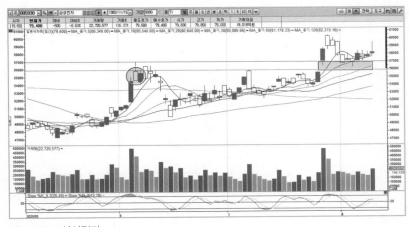

차트 3-36. 삼성전자

2020년 6월 4일 삼성전자가 태동하던 시점에서 나온 우리 음봉이다. 여기서 주목해 볼 대목은 음봉 이후 이를 상향 돌파하는 과정에서 갭(네모 표시)이 발생하고 이는 앞으로 주가 움직임에 상당한 의미를 갖게 된다는 점이다. 국내 주식뿐 아니라 해외주식도 마찬가지로 적용 가능하다.

⊞ 실전 사례 연구 27. 실폐 사례

20년 3월 24일 최초 음봉이 발생했다. 당시 갭 상승이 아주 높았다가 종
가 갭을 만들어 놓고 마감하는 걸 보면서 100에서 30을 매수 추천했다.

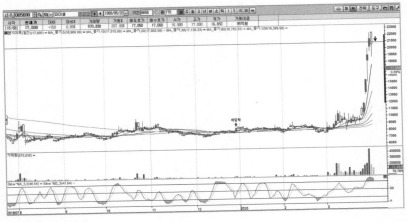

차트 3-37. 파미셀

다음날 상승 출발하여 100에 30 추가 매수 후 종가 확인하면서 매수 완
료. 이후 급등이 나오고 그림 마지막 부분 음봉에서 전량 매도 처리하였
다. 여기까지는 성공적이었으나 이후 흐름에서 실패가 나온다.

차트 3-38을 보자. 매도 이후에 약 한 달 반 정도에서 음봉이 발생 종가
100에 30 매수 이후 매수 완료 신호가 나오지 않고, 오히려 갭 하락이 발
생하면서 매도 신호가 발생하여 매도 처리하였다. 다시, 약 두 달 후 맘에
드는 음봉 발생, 종가 100에 30 매수 이후 역시 매수 완료 신호가 나오지
않고, 갭 하락 하면서 매도 신호 발생하여 매도 처리함. 위에서 보듯이 분
할 매수와 매수 완료 자리가 매우 중요함을 보여준다.

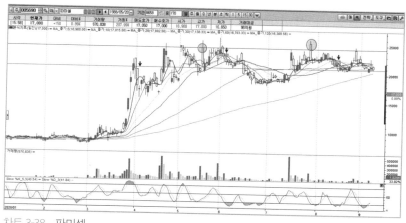

차트 3-38. 파미셀

코로나 19로 인하여 마스크 관련주(웰크론, 크리앤사이언스), 소재인 제지 관련주(영풍제지) 진단키트 관련주(씨젠, 엑세스바이오, 피씨엘) 백신 관련주(진원생명과학, 제넥신) 등 코로나 19 발병 초기 수혜주부터 순환매가 진행되면서 주가가 급등하였다. 이런 기회는 쉽사리 오지 않음에도 많은 개인 투자자는 단기 대응을 하면서 수익을 극대화하지 못하는 경우가 많았다. 위에서 업종의 선택과 업종 중 대장주를 선정하는 방법과 이유를 밝힌 바 있다. 이런 일련의 시장 흐름을 이해한 이후 기법을 통하여 수익을 극대화하는 것이 가장 효과적이다.

▌음봉 저격기법 포인트

음봉이 나타나는 자리를 보면서 세력의 입성이나 세력의 매집 완료, 그리고 세력이 털고 나가는 것까지 사례를 통해 알아보았다. 이러한 음봉은 초기에는 개인 투자자를 털어내는 수단으로 활용하고 고점에서는 고점 대비 많이 하락 하였다는 인식을 심어주어 저점 매수를 노리는 개미를 유혹하는 음봉이 출현 된다는 사실을 밝혀둔다.

11. 급등주 매매기법

▌정의

일정한 매물(2~3개월)을 돌파하는 갭을 공략하는 기법. 상한가 또는 추세가 아주 급하게 상승하는 종목들을 급등주 라고 한다. 이런 급등주도 매매의 원칙을 갖고 대응하면 크게 물리지 않고 매매를 할 수 있다. 음봉 저격기법에서 급등주로 진행되는 경우도 많이 보았다.

▌기법 개발 목적

급등주를 싫어하는 투자자는 많지 않다. 그러나 그만큼 위험이 크다는 단점도 있다. 급등주를 운용하되 위험을 최소화할 방법은 없을까? 고민하면서 개발한 원칙들이다. 급등주 운용 시 최소한 원칙을 마련한 것이니 물리지 않기 위해서는 원칙을 고수하자.

▌급등주 매매 원칙

① 전일 갭 보다 작으면 시세 약화 조짐으로 해석

② 전일 종가 3% 침범 시 절반 매도, 이후 재차 침범 시 전량 매도(종가 확인)

③ 갭은 지지와 저항 역할을 한다

④ 강한 종목은 갭을 장중에 침범하지 않는다(장 시작 후 강한 상승을 보임)

⑤ 급등 직전 돌파 갭(애칭-우리 갭) 발생한다

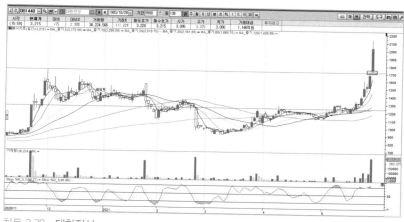

차트 2-39. 대한전선

2021년 05월 31일 돌파 갭이 발생했다. 앞에 매물, 저항을 넘는 돌파 갭이 발생 되고, 거래량 또한 아주 만족스럽다.

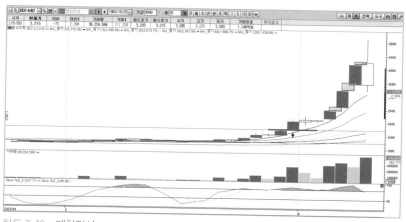

차트 3-40. 대한전선

　　돌파 갭 이후 한 차례 강한 상승과 거래량 급증이 나온 후 이틀간 쉬어
가는 모습이 연출되고 다음 날 갭 상승하면서 상한가, 다음 날 전일보다
더 큰 갭 상승하고 상한가, 마지막 음봉 나온 날을 보면 시초가 갭이 전일
보다 작게 형성되어 출발(시세 약화 조짐-매도 관점)하고 아침 다소 강한
상승을 보였으나 이후 차익 실현 물량 나오면서 음봉 마감했다.

　　장중 급등주 매매 원칙에 의거 전일 종가 3% 침범 시 절반 매도 이후 최
소한 종가에는 전량 매도를 해야 하는 상황이었다.

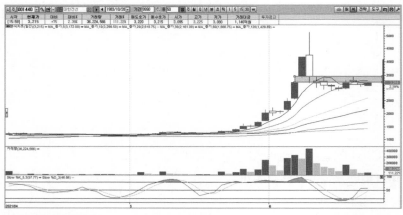

차트 3-41.　대한전선

　　갭은 지지력과 저항 역할을 한다고 하였다. 동사는 실전에서 1,200원대
매수 추천하여 평균 매도가격 4,600원이었다.

　　동사를 지속 모니터링하는 이유는 M&A 이슈와 기업 실적 개선 부분
이고, 급등주 매매 원칙에서 언급 한 대로 갭은 지지력과 저항 역할을 한
다고 하였듯이 위 그림에서 보면 갭의 주변에서 주가가 더 하락 하지 않고
있는 것으로 추측할 수 있는 것은 갭의 상단을 돌파하거나 갭을 갭으로
돌파하는 상황이 연출 된다면 2차 상승을 노릴 수 있다.

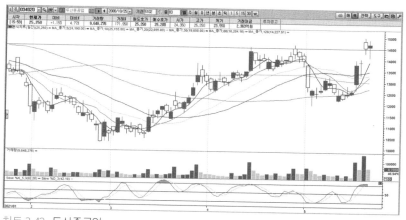

차트 3-42. 두산중공업

2021년 05월 24일 최초 돌파 갭이 발생했다. 필자의 경우 갭을 해석할 때 주변의 꼬리 부분은 무시하는 걸 원칙으로 한다. 익일 흔들림이 있었으나 갭을 훼손하지 않고 마감했다.

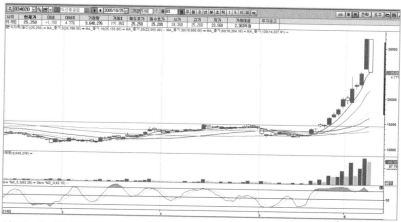

차트 3-43. 두산중공업

급등이 이어지는 과정에서 갭이 지속 발생 되다가 음봉이 중간에 나오기는 하였으나 전일 종가 3% 원칙상 매도가 아니었고, 마지막 날 갭도 발생 되지 않은 상태에서 하락을 시작, 이런 경우 시초가 갭이 없음을 보고 시세가 약화 될 수 있다는 판단을 하고 매도 관점으로 대응해야 한다.

개인 투자자가 많이 실수하는 대목을 살펴보자. 대부분 투자자에게 물어보면 자신은 단기 매매를 하지 않는다고 한 다 그러나 실상은 그렇지 않다 몇 프로의 수익에 연연해서 더 상승할 수 있는 종목도 중간에 매도하고 반대로 더 하락 할 수 있는 종목임에도 내 매수 가격을 생각하고, 아쉬워 손절을 주저하여 손실을 키우는 경우가 많다.

▌기법 유의 사항

음봉 저격기법과 급등주 매매기법은 실전에서 고수익을 낼 수 있는 강력한 수단이 된다. 하지만, 기법을 이해하고 실전에서 매매 훈련을 통하여 스스로 검증하지 않으면 안 된다. 시장에 많은 음봉이 발생한다. 하지만 우리 조건에 맞는 음봉을 발견하기는 그다지 쉽지가 않다. 다시 말하면 우리 음봉이 되기 위한 최소한의 조건을 잘 이해하기 바라며 또한 급등주에서 돌파 갭(우리 갭) 역시 찾기가 쉽지는 않다.

카페나 유튜브를 운영하다 보면 많은 투자자가 기본적 원칙을 잘 이해하지 못하는 경우가 많았다. 이러한 부분은 유튜브 영상에서도 설명한 바 있지만, 이 기법의 신뢰성 여부는 온전히 본인에게 달려 있음을 알아야 하고, 필자가 기법을 만드는 일련의 과정과 검증 기간을 모두 포함하면 약 10년이란 시간이 소요되었다.

이러한 기법을 단 며칠, 몇 달 훈련으로 내 것으로 만들기는 쉽지 않을 것이다. 위에서 실전 사례에서 보듯이 두 기법을 잘 이해하고 실전에 응용한다면 고수익을 창출하는 강력한 수단을 가지게 된다.

급등주 매매기법 주의 사례 연구

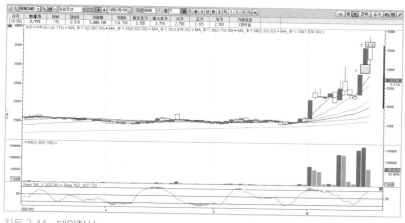

차트 3-44. 대원전선

초 급등주로 진행되는 가운데 마지막 날 음봉이 발생하였다. 1번 갭 보다 2번 갭이 커야 한다는 조건에 미달하면서 시세가 약화 될 가능성이 있다는 걸 눈치채고 장중 고점 매도에 주력해야 한다. 이처럼 급등주로 갭상승을 보고 매수에 참여했는데 음봉으로 마감하면서 난처한 상황이 종종 발생하는데 이때 음봉 저격기법의 매수 조건을 생각해 보면 다음 날 보유를 할지 매도를 할지 판단을 해야 한다.

차트 3-45를 보면 음봉이 발생하고 다음 날 하락 출발하여 매수 조건에 충족하지 못하였다. 다만, 1번 갭이 상당한 지지력을 갖고 있다는 걸 안다면 쉽게 매도해서도 안 되는 상황으로 판단하면 결과적으로 내가 매수한 가격 부근에 오면 일단 정리하거나 지지선 부근에서 추가 매수하여 이익을 보고 나오는 방법이 있다.

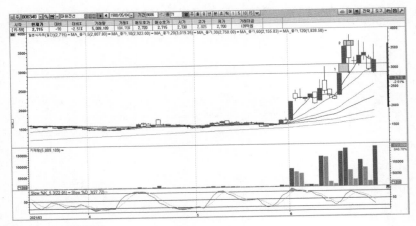

차트 3-45. 대원전선

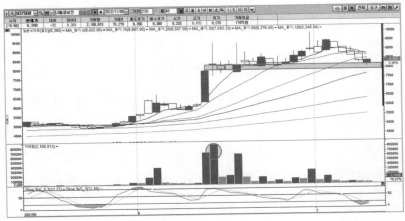

차트 3-46. LG헬로비전

　　원을 표시한 기준거래량 고점에서 추격 매수를 하였다고 가정을 해 보
자. 당일 발생한 갭(네모 표시) 부분이 강한 지지력을 갖고 있다는 걸 안다
면 굳이 손절할 이유는 없고 위 사례처럼 추가 매수하거나, 매수가에 도달
하면 손실 없이 정리해 볼 수 있을 것이다.

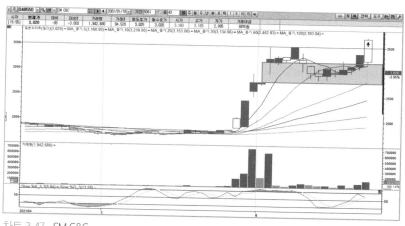

차트 3-47. SM C&C

급등 후 일정한 기간 조정을 거치고 모든 매물을 돌파하는 갭 상승을 보고 매수에 진입하였는데 마지막 모습처럼 음봉으로 진행되면 여러분은 어떻게 대응할 것인가? 3,500원이 단기적으로 침범하지 말아야 할 지지선으로 설정해 볼 수 있다.

이 부분이 깨어지면 일단 짧게 손절을 하고 저점을 다시 노리는 전략을 고려하거나 손절하지 않고 추가 매수를 고려한다면 갭 하단까지 충분히 기다려 매수를 해야 한다.

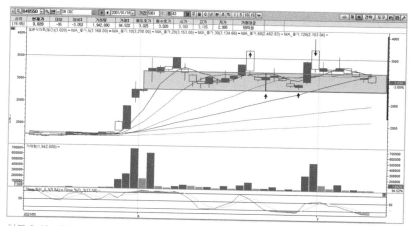

차트 3-48. SM C&C

　　급등주로 갭을 보고 추격 매수하였으나 당일 실패로 마감할 때 짧은 손절로 대응할 것인지 아니면, 추가 매수로 대응할 것인지 전략이 필요하고, 무엇보다 신뢰할 만한 지지선이 어디인지를 빨리 판단하는 게 중요하다.

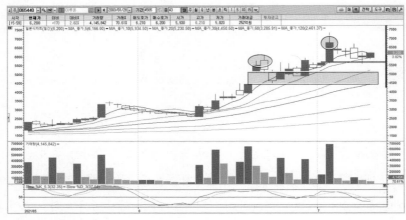

차트 3-49. 이루온

　　두 번의 원 부분에서 고점 추격 매수를 하였다고 가정을 하자. 첫 번째 원 아래 네모(갭) 자리와 두 번째 원 아래 작은 네모(갭)에 대한 각자의 지지선에 대한 신뢰가 앞으로 승패를 좌우하게 될 가능성이 크다.

　　아무리 좋은 기법이나 강의도 본인 스스로 여기에 관한 연구와 공부를 통해서 자신감을 갖지 않으면 아무런 쓸모없는 지식이 되고 만다.

　　차트 3-50에서 원 부분에서 매수하였다고 가정을 해 보자. 먼저 사례처럼 갭(네모 부분)이 있어서 지지선으로 의지하여 추가 매수하여 대응했을 경우, 아주 기만하게 매도 대응하지 않았다면 결과적으로 상당한 손실을 보게 된다. 여기서 또 하나 주의할 점은 6월 15일 장중에 지지선이 한번 깨어진 사례에 주목할 필요가 있다. 이런 경우 언제든 다시 지지선이 깨어질 수 있다는 걸 알고 매우 신중하게 접근해야 한다.

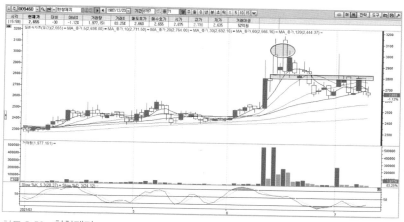

차트 3-50. 한창제지

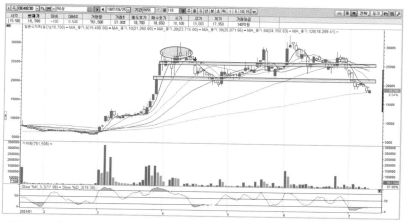

차트 3-51. 덕성

하단 갭과 상단 갭 두 개가 있다.

원 부분에서 매수에 가담했다고 가정을 해 보자. 상단 부분의 갭 첫날
(2021년 3월 31일) 음봉으로 마감하면서 아래 꼬리로 갭을 침범한 모습은
그다지 좋은 모습은 아니다. 다음날 하락 출발하여 양봉으로 마감하였으
나 그다음 다시 하락 출발하면서 음봉 이후 며칠 동안 상당히 등락폭이

큰 게 진행이 되었다. 여기서 우리가 알아야 할 점은 상단의 갭이 침범된 이후에는 또다시 침범될 가능성이 높다는 점을 알아야 한다.

　하단의 갭 역시 한번 깨어지고 난 뒤에 상당 기간 흐름 다음 다시 갭(지지선)을 깨어 버린다. 이처럼 갭(지지선)이 한번 깨어지면 그 종목은 언제든 다시 하락 할 수 있다는 걸 알고 매우 조심하여 운영하여야 한다.

12. 이럴 때 매수하자

▌쌍바닥, 외바닥 후 눌림

추세에서 적용하는 기법으로 소위 파동이론에서 진 바닥에서 매수하거나 외 바닥 이후 쌍바닥 보다 강하여 눌림으로 나타나는 경우에 쓴다.

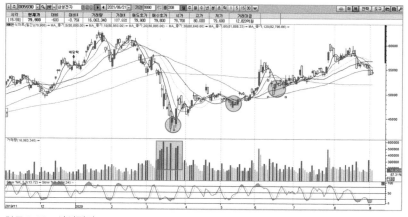

차트 3-52. 삼성전자

쌍바닥 이후 쓰리 바닥까지 확인되어 상승 추세로 전환이 분명한 시점으로 조정 시 매수한다.

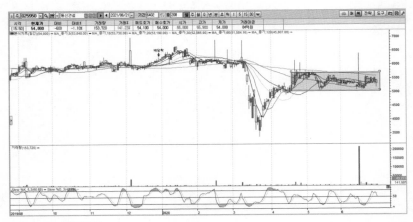

차트 3-53. 동신건설

외바닥 후 눌림 조정으로 쌍 바닥 형태보다 강한 흐름을 예상된다.

▌완만하게 하락하는 종목이 갑자기 거래량이 급증할 때.

이는 바닥 신호로 해석할 수 있고, 급증한 거래량이 연속적으로 나오면

신뢰성이 더 커진다.

차트 3-54. 삼성전자

2020년 3월 선도세력들의 저가 매수 유입이 확인된다.

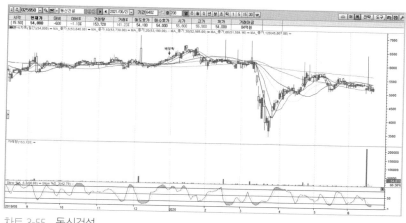

차트 3-55. 동신건설

2020년 6월 거래량 급증, 바닥이 임박했다는 신호로 해석한다.

▌바닥권이나 조정 구간에서 섬(island)이 발생할 때.

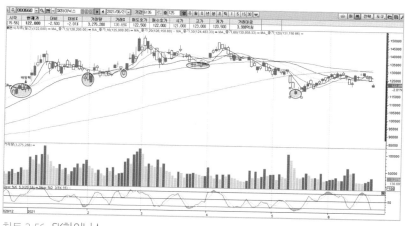

차트 3-56. SK하이닉스

상승 추세 중 단기 조정 구간에서 나타나는 섬, 그리고 추세 하락 중 반등 구간에서 나타나는 섬, 하락 구간에서는 목표 수익을 짧게

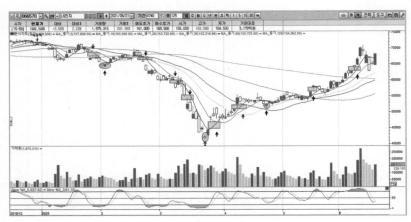

차트 3-57. LG전자

　　원 부분이 섬, 네모는 갭을 표시하였다. 하락 시 갭은 매도 신호이고, 상
승 시 갭은 매수 신호로 해석한다. 갭의 모양만 보고 추세 따라 매수, 매도
하여도 승률이 꽤 높다.

▌신뢰할 수 있는 지지선

　　이 부분이 가장 난이도가 높은데 이 또한 위에서 언급한 거래량과 기준
거래량을 의지하는 매매 방법이다.

차트 3-58. 현대차

기준거래량을 의지하여 저점 매수를 노리는 방법이다. 지지선 이탈하면 되돌림이 곧바로 들어온다. 즉 손절은 아무 데나 하는 게 아니다.

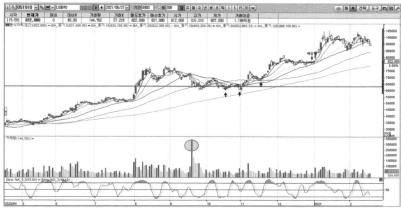

차트 3-59. LG화학

기준거래량을 의지하고, 쌍 바닥, 그리고 다중 바닥까지 확인 후 매수하는 상황. 위 매수 방법 4가지를 소개하였다. 최소한 매수할 때 어떤 기준으로 매수 할 것인지 깊이 고민해야 한다.

위 방법은 최소한 이 정도 기준이라도 알고 접근하면 크게 낭패 보지는 않을 정도이다. 또한, 매도 5원칙은 주식 매매에서 절대적으로 지켜야 할 대 원칙으로 삼고 달달 외우고 실전에 꼭 응용하길 바라는 마음이다.

13. 매도 원칙 5가지

주식을 하면서 가장 어려운 부분이 매도이다. 매수는 희망이고 매도는 현실이다. 필자는 이 말을 자주 사용하는데 누구나 매수 할 때는 상승을 기대하고 막연한 희망을 품으면서 매수에 참여하게 된다.

처음 희망대로 주가가 상승하였다 하더라도 어디서 팔아야 할지를 몰라 큰 수익을 놓치는 경우도 많이 보았고, 매수 이후 곧바로 하락하는 때도 매우 많다. 인터넷이 발달하고 모바일 거래가 가능해 지면서 게임을 하듯 주식을 사고파는 투자자가 점점 늘어나고 있다.

대부분 전문가, 증권사 애널리스트들이 손절을 잘해야만 고수인양 치켜세우고 부추긴다. 이 책을 읽는 독자는 최소한 이들이 쳐 놓은 덫에 걸리지 말았으면 한다. 필자의 원칙은 되도록 손절하지 말라고 한다. 그러기 위해서는 몇 가지 조건을 준수해 주어야 가능한 일이다. 이 부분은 뒤에서 언급하기로 하고 아래 최소 다섯 가지 매도 원칙만 지킨다면 여러분 소중한 자산을 지키는 데 크게 일조할 것이다. 반드시 기억하자!

다섯 가지 원칙은 주식을 하는 동안 여러분 자산을 지켜줄 보루가 될 것이고, 또한 지켜진 자산으로 새로운 부를 창출할 기회를 제공할 것이다.

▎매도 1원칙: 추세 이탈 시

차트 3-60. 종합주가지수

　지수나 대형주의 경우 위 두 기법이 잘 적용되지 않는 경우가 많다. 그것은 두 기법이 세력에 의한 작전주에서 많이 등장하기 때문이다.

　2009년 이후 지속 저점을 높이던 종합지수가 2018년 들어 쌍봉의 모습과 하락 갭이 연속으로 나타나면서 급락을 보여주었다. 물론 저점도 낮아졌다. 이후 일정한 추세 되돌림이 나타났으나 실패하고 하락 국면으로 진행된다.

차트 3-61. 삼성전자

2020년 초 코로나 19의 심각성을 잘 알지 못한 시기였으나 발 빠른 기관 투자자들은 고점 부근에서 매도를 진행하였다. 위 그림에서 고점이 낮아지고 저점이 낮아지는 과정에서 하락 갭이 연속적으로 발생이 된다.

추세로 판독할 때 쌍봉이나 다중봉이 생기면 일단 매도 이후 추이를 지켜보는 전략이 좋다. 추세란, 한꺼번에 꺾이지 않는다는 특성을 이용하여 매매하는 방법이다. 반대로 추세 하락인 종목은 한 번에 상승 추세로 전환되기 어려우므로 쌍바닥을 확인하고 매수하는 것이 추세 매매이다.

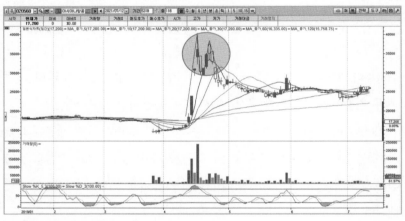

차트 3-62. 아시아나항공

지속 횡보하던 주가가 갑자기 거래량을 크게 증가하면서 주가가 급등하였다. 원모습을 보면 쌍봉의 모습을 보여준다. 당시 추격 매수의 주체는 개인 투자자들이었고 기관은 대거 매도를 진행하였다. 개인 투자자의 특성이 여기서 잘 나타나는데 그 속성을 한마디로 표현하면 '불나방'으로 함축해 볼 수 있다.

거래량이 폭증을 하고 불이 활활 타는 가운데 먹잇감이라 착각하고 돌진을 한다. 위 사례처럼 저런 급등에서 아주 기민하게 운용할 자신이 없다면 접근을 하지 않는 게 상책이다.

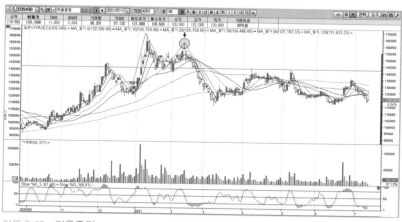

차트 3-63. 키움증권

상승 추세가 진행되는 가운데 쌍봉의 모습이 나타나고 이후 주가는 힘을 쓰지 못한다. 화살표시 한 원 부분에서 매도가 가능할까? 쌍봉 꼭지에서는 매도 신호가 잡히지 않는다. 다음날 확인을 하면서 원 부분이 단기 고점이 될 가능성이 크다는 판단을 해야만 비로소 매도가 진행될 수 있기 때문에 원 그다음 날 매도가 진행된다.

만약, 원 다음날 매도 진행을 못 하였을 경우 그다음 지지선 이탈 시에는 주저하지 말아야 한다. 많은 투자자와 상담을 하다 보면 왜 매도를 못했는가? 물어보면 얼마 전에 가격이 얼마였는데 지금 매도하려니 손해 보는 기분이 들어서 매도를 못 하겠더라 라고 답한다. 이 부분은 다분히 심리적인 것인데 이런 심리적인 부분을 이겨내기 위해서는 실력을 키우는 방법밖에 없다.

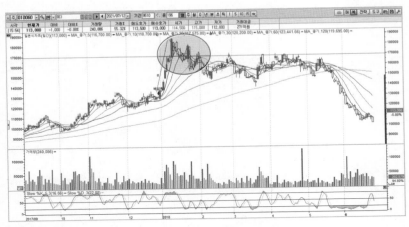

차트 3-64. OCI

　급상승을 보이던 종목이었는데 원 부분에서 거래량이 크게 유지하면서
고점이 낮아지고 저점이 같이 낮아지는 모습이 보인다. 이후에도 주가가
잘 내리지 않았던 것은 상승 추세에 있었던 종목이기 때문이었다. 상승 추
세가 강할수록 위 그림처럼 여러 번의 매도 기회를 준다.

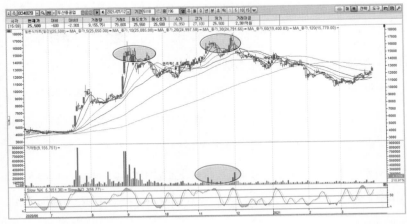

차트 3-65. 두산중공업

　주가 부분에 두 개의 원이 있는데 두 번째 원의 모양이 쌍봉 같기도 하고
아닌 것 같기도 한데 이것을 무엇으로 쌍봉으로 보고 매도를 할 것인가?

아래 거래량을 보면 첫 번째 원보다 두 번째 원 거래량이 상당히 적다. 통상적으로 주가가 더 상승하기 위해서는 거래량이 더 많아야 하는데 이 경우에는 통상적이지 않다. 그럼 무엇으로 판단해야 할까?

그렇다. 속임수 상승이다. 결론적으로 첫 번째 원 쌍봉에서 매도가 맞았다. 이처럼, 주식을 하다 보면 속임수가 많이 발견되는데 이것을 알아내기 위해서는 거래량의 움직임과 주가의 움직임을 같이 보아야 하고 만약 매집이 상당히 진행된 상황이라면 상황은 달라질 것이다. 따라서, 분석을 얼마나 정확하고 면밀하게 하는가에 따라 승패가 달라진다.

▌매도 2원칙: 갑작스러운 거래량 급증(바닥권 제외)

필자의 경우 주식 매매에서 추세와 거래량으로 향후 주가를 예측하는 수단으로 삼는다. 물론, 여타 다른 부분들도 있으나 가장 주된 두 요소는 우리가 반드시 이해해야 할 부분이다.

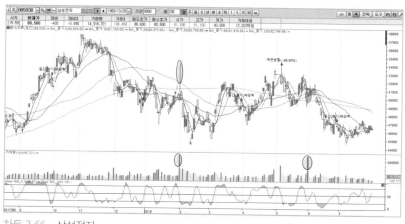

차트 3-66. 삼성전자

지속 상승하던 삼성전자가 2007년 하반기 57,000원대를 고점으로 조정으로 진입하였다. 이 과정에서 거래량이 불쑥, 불쑥 터지는 걸 볼 수 있는데 추세 하락의 신호탄으로 해석할 수 있는 부분이다.

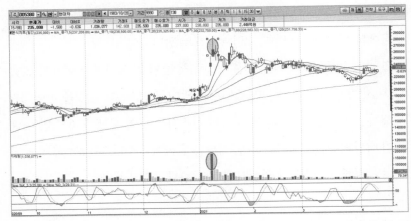

차트 3-67. 현대차

상승 추세가 완만했던 현대차가 2021년 초 초대형 거래량을 발생시킨다. 상승 중 이러한 대형 거래량은 단기적으로 추세가 약화 또는 본격 조정의 신호로 해석한다.

거래량이 왕창 터졌다는 것은 그만큼 에너지를 많이 소진하여 힘이 빠졌다는 것이라 추가적인 상승을 위해서는 에너지를 모으는 기간 조정이나 대량거래량보다 더 많은 거래량이 나와야만 추가 상승이 가능해진다.

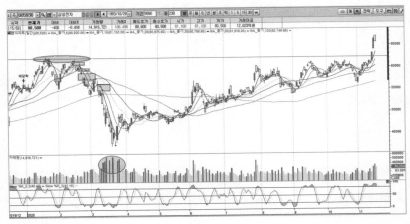

차트 3-68. 삼성전자

반대로 하락 중에 갑자기 거래량이 큰 폭으로 증가하면 이것은 바닥 신호로 해석한다. 즉, 저점에서 매수세 유입이 상당하다는 것을 말해주는 것으로 이때 매수 가담할 수 있는 투자자는 고수다. 거래량은 추세 다음으로 중요한 판단 요소이고 반드시 분석해야 하는 대상이다. 특히 세력주일 경우는 더더욱 그러하다.

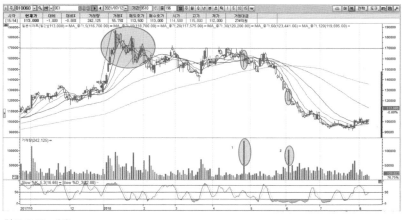

차트 3-69. OCI

앞에 쌍봉이 발견되고 이후 주가가 잘 내리지 않다가 거래량 1번 자리에서¨ 거래량이 많이 증가하면서 주가가 하락 할 때는 즉각 매도에 동참해야 한다. 그리고 하락이 본격화되는 도중에 2번 거래량이 생기는데 이때도 마찬가지 매도에 동참해야 한다.

'주가가 하락하면서 거래량이 증가할 때는 매우 위험 신호임을 반드시 기억해야 한다.'

왜 그런가 하면 아직도 매도할 물량이 많이 있다는 증거이기 때문이다. 주가가 하락을 멈추기 위해서는 거래량이 감소해야 한다. 그런데도 거래량이 오히려 증가했다는 것은 매도 물량이 아직 많다는 증거이다.

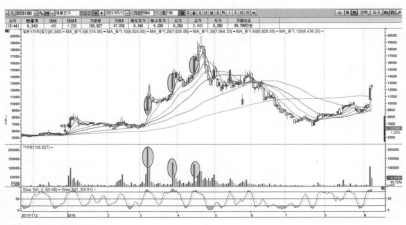

차트 3-70. 제룡전기

　전형적인 속임수 상승의 모습이다. 주가를 급등시키면서 고점에서 지속 매도하는 속임수 패턴 즉, 세력들이 종종 이용하는 개미 무덤들이다. 위 그림을 보면 거래량과 주가의 모습이 상반된다. 주가는 점차 더 상승하는데도 불구하고 거래량이 감소하는 모습이다. 그리고 주가 꼭지 부근에서는 거래량도 잘 줄지 않고 며칠간 버틴다. 이후 주가는 급락을 시작하는데 일반 투자자들의 경우 주가가 급등 후 급락하면 곧 반등이 나오겠지 생각하기 쉽다. 그러나 속임수 상승에서 물량을 털어버리는 과정이었기에 주가는 좀처럼 반등하지 못하고 속락한다.

　차트 3-71을 보자. 2016년 3월부터 매집이 시작되고 4월 한 달 동안 집중적으로 매집한다. 이후 기간 조정을 주면서 천천히 물량을 모으다가 2018년 초부터 다시 물량을 매집하면서 상승의 모양을 만들기 시작한다.

　이들 평균매입 단가를 5천 원 정도로 보았을 때 상승을 시키면서 물량을 정리하는 모습 가운데 쉽게 눈치를 챌 수 있는 포인트가 있다. 2018년 3월 8일의 대량거래이다. 기준거래량이 이때 발생했다는 이야기는 단기적으로 새로운 시세를 준비하는 시그널인데 여기서는 그러하지 못하였다.

새로운 시세는 의도된 시세였는데 세력이 왜 힘들게 저런 식으로 매도할까? 의문을 가질 수 있다. 그것은 세력의 물량을 한꺼번에 받아주지 못하겠다는 것을 세력들이 시험한 후 결정을 하였다고 보아야 하는데 그것은 3월 9일 음봉 날로 추정된다.

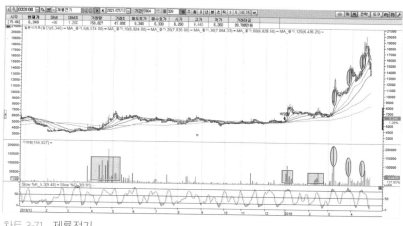

차트 3-71. 제룡전기

상승에 따라오는 개인은 많으나, 조정 시 받아주는 개인이 많지 않다는 것을 거래량으로 판단했을 가능성이 크다. 즉슨 거래량과 주가의 움직임이 서로 다르면 의심해보자.

차트 3-72를 보자. 주가의 위치와 거래량의 크기를 보면 서로 비례하지 않는다. 주가는 앞에 고점을 돌파하였는데 거래량은 오히려 앞에 거래량보다 작다. 의심해 봐야 하는 상황이다. 이 부분은 필자가 유튜브를 통해서도 몇 차례 언급하였지만, 세력들이 마지막 물량을 정리하는 과정에서 나오는 속임수 상승이다. 4만 원 하던 주가가 1만 원까지 하락하고 2021년 4월부터 코로나 변이 바이러스의 등장으로 시장에서 다시 주목을 받았다.

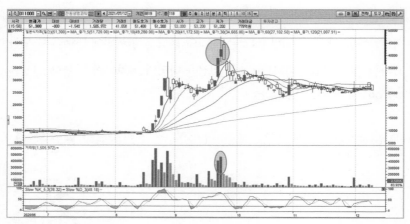

차트 3-72. 진원생명과학

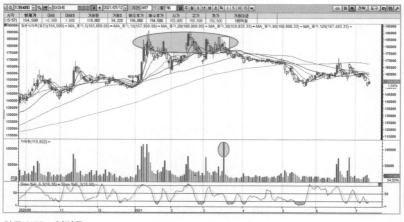

차트 3-73. 이마트

　　원 부분을 해석해 보면 고점이 거의 일정하고 저점이 높아지는 삼각 수렴 형태로 해석해 볼 수 있다. 그렇다면, 매수 포인트는 어디일까? 필자는 저점매수보다 고점매수를 선호하는 편이라 최고점을 돌파하고 안착하는 모습을 확인 후 진입을 고려한다.

　　거래량 원 부분은 최근 거래량 중 가장 많은 거래량이 발생하였다. 그런데도 주가는 음봉, 하락이다. 이 부분에서 우리는 추가 하락 위험 신호임을 알아차려야 한다. 고점 부근에서 거래량이 터져 주가가 상승해도 매도를 할 판인데, 주가가 하락하였다면 이는 상당히 큰 위험 신호이다. 고점 부근에서 많은 거래량이 대부분 매도 물량이었다는 것을 원 부분 거래량을 보고 확신을 할 수 있기 때문이다.

'고점 부근에서 거래량이 터지면 일단 매도하자.'

▍매도 3원칙 : 고점 부근에서 추세 이탈하는 하락 갭

상승 갭이든, 하락 갭이든 갭은 상당한 의미를 지닌다. 만약 이것이 세력에 의해 만들어진 것이라면 더더욱 그러하다. 따라서 상승 갭이 발생하면 매수에 가담하고, 하락 갭이 발생하면 매도에 참여하여 위험을 관리해야 한다.

차트 3-74. SK하이닉스

2016년부터 쉼 없이 상승하던 주가가 하락 갭이 연속적으로 발생 된다. 고점에서 하락 갭이 발생하면 되돌림이 나올 때 이 갭이 저항 역할을 한다는 것도 볼 수 있다. 저런 자리에서는 일단 물러서는 게 상책이다.

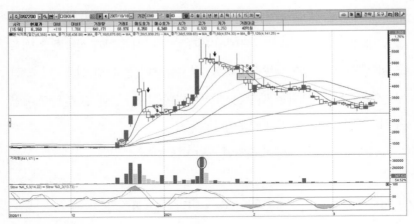

차트 3-75. 디아이씨

이 종목은 본격 상승 전에 우리 음봉이 발견되었고 전일 종가 3% 매도 원칙에 따라 매도 이후 갭의 지지력을 보여주면서 추가 상승이 나왔다. 2021년 1월 중순 고점 부근에서 에너지를 모으는 듯하였으나 갭 하락이 나오면서 매도 신호가 발생한 종목이다.

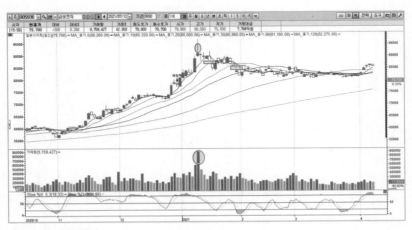

차트 3-76. 삼성전자

2020년부터 개인 투자자에게 가장 많은 사랑을 받고 있는 삼성전자다. 먼저 거래량으로 보면 고점 부근에서 거래량이 증가하면 꼭지 신호라고 해석하여 일단 매도한다고 하였다. 그리고 연속적으로 하락 갭이 나타나면서 주가는 맥을 추지 못하는 상황이다. 삼성전자가 기간 조정을 마무리하기 위해서는 거래량의 증가와 함께 9만 원대를 다시 넘어서야 한다. 그전에는 상승 추세로 전환이라고 하기에는 무리가 있어 보인다.

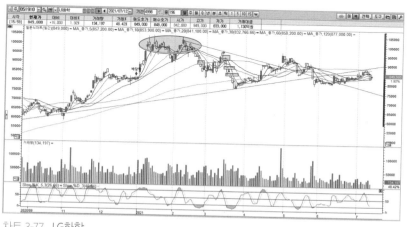

차트 3-77. LG화학

단기 추세상으로 쌍봉이 나타나고 이후 하락 갭이 나타난다. 기술적 반등이 있고 난 뒤 하락 시 하락 갭이 연속적으로 발생하는 것으로 보아 저부분을 재차 상향 돌파하기엔 시간이 많이 필요해 보인다.

차트 3-78은 많은 걸 시사한다. 갭 하락과 지지선과 전 고점의 의미와 매수, 매도의 시점 등 먼저 두 번의 하락 갭이 나와 두 번의 매도를 진행하였다고 가정해보자. 여러분께서 저점매수를 좋아한다면 두 개의 지지선, 즉 전 고점을 의지하고 저점매수에 들어가는 자리이다(원 표시). 저점매수는 일정한 손절을 각오하고 진입을 해야 하는 단점이 있다. 즉, 지지선이 깨어지고, 되돌림이 제대로 못 나오면 일단 손절해야 한다. 그리고 고점매수를 할 때 가격은 다소 높게 주고 매수를 하지만 아래 지지선이 버티고 있어서

일시적으로 조정을 준다고 하더라도 버텨 볼 근거가 있다는 점에서 장점
이 있다.

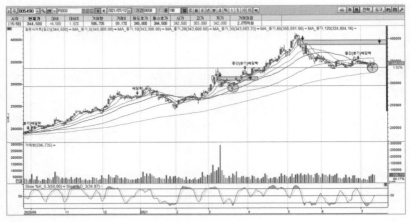

차트 3-78. POSCO

저점매수와 고점매수 둘 다 장단점이 있다. 어느 방법을 선택할지는 각
자의 몫이겠지만 지켜야 할 부분에서 원칙을 지키지 못하면 실패할 확률
이 높다.

▌매도 4원칙: 전 고점 부근에서 애매할 때는 매도하라!

주식 투자에서 위험관리는 무엇보다 중요하다. 그렇다고 원칙 없는 매도
는 의미가 없으므로 특정한 원칙을 갖고 나는 이럴 때 매도하겠다는 스스
로 원칙이 절실하다.

차트3-79의 경우 단기 상승 이후 쌍봉의 모습을 보여준다. 매매하기 까
다로운 자리일 수 있다. 이렇게 스스로 판단하여 자리가 애매할 때는 일
단 매도 이후 관망해 보자고 권하고 싶다. 첫 번째 박스에서 매도를 진행
후 저점을 다지는 모습이 나타나고 내가 매도한 가격대로 재진입하거나,
매도가격 위로 올라설 때 매수 가담할 포인트이다.

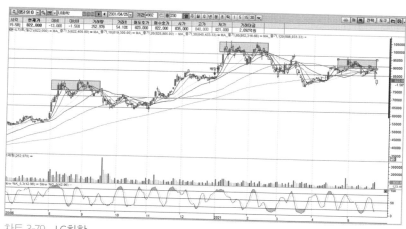

차트 3-79. LG화학

두 번째 박스에서는 매도 이후 고점이 현저히 낮아지고 저점도 내려가
는 상황이어서 매수 기회가 없다고 볼 수 있다. 세 번째도 마찬가지다.

이런 패턴이 일봉에서 연출되거나 단기 운영하는 분봉에서도 나타날
수 있다. 따라서 본인의 기준차트에서 이런 모습이 나타날 경우는 일단 위
험을 회피하는 게 좋다.

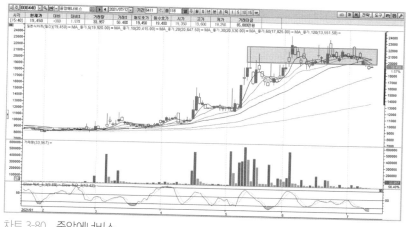

차트 3-80. 중앙에너비스

급상승 후 기간 조정이 이어지는 모습이다. 이런 경우 박스권 고점 부근
에서는 일단 매도하고 추이를 좀 지켜보는 게 좋다. 이 경우 거래량만 증가
하여 준다면 추가 상승도 가능할 것으로 보이지만 다소 애매한 상황이고,
이런 때 박스권 저점 구간에서는 매도하지 않는 게 좋을듯하다.

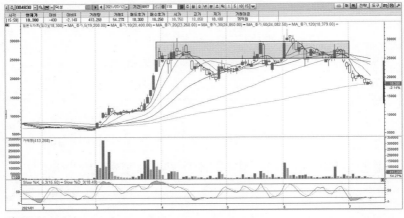

차트 3-81. 덕성

박스권에서 거래량도 애매하고 주가도 애매한 상황에서는 박스권 고점
에서 일단 매도하자.

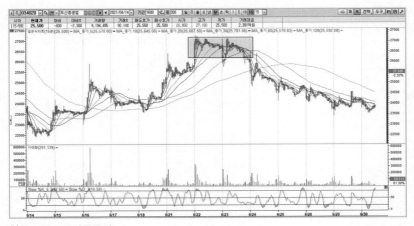

차트 3-82. 두산중공업

분봉에서도 이런 부분들은 많이 등장한다. 거래량, 주가로 판단하기 애매한 위치가 나타나면 일단 매도 이후에 추이를 지켜보자.

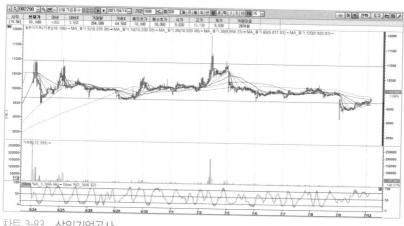

차트 3-83. 삼일기업공사

며칠간 주가가 일정한 박스권에서 움직이는 경우다. 이렇게 애매한 자리에서는 박스권 상단에서 일단 매도 이후 추이를 지켜보자. 만약 박스권 상단을 거래량을 증가시키면서 상향 돌파하면 그때를 매수 시그널로 봐도 무리가 없을 것이다.

▌매도 5원칙: 전일 종가 3% 침범 시

이 경우는 대부분 급등주에서 기준이 된다. 급등주의 경우 접근 시 손절 폭을 일반 종목보다 좀 크게 잡고 가야 한다. 변동성이 그만큼 크기 때문이다. 좀 더 자세히 설명하면, 장중 전일 종가 3% 훼손 시에는 절반 매도하고 이후 재차 하락하여 마지노선 5%를 이탈시키면 전량 매도하는 원칙이다.

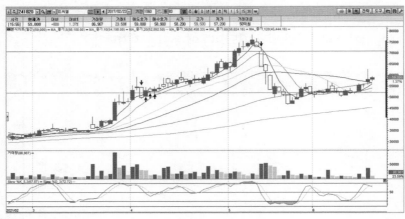

차트 3-84. 피씨엘

완만하게 상승하던 종목이 큰 양봉 이후 상승 각도가 가팔라진다. 두 개의 선은 매도한 가격대이고, 화살표시는 매수와 매도 자리를 표시하였다. 첫 번째 매도 이후 다음날 곧바로 매수 신호가 잡힌다. 두 번째 매도 이후 하락이 더 심하여 매수의 기회가 한동안 주어지지 않는다.

개인 투자자가 좋아하는 급등주도 나름 원칙을 세워서 매매하면 최소한 크게 당하는 일은 사전에 방지할 수 있다. 따라서 상한가를 간 종목이나 10% 이상 상승한 종목의 경우 하락 할 때도 무섭게 하락 할 가능성이 크기 때문에 이와 같은 매도 원칙을 지켜가는 게 좋을 것이다.

차트 3-85 종목은 두 번의 매도 신호가 생겼다. 한번은 급등주 매매기법에서 전일보다 갭 상승이 작으면 매도 접근한다는 원칙과 두 번째 전일 종가 3% 침범과 5% 침범이다.

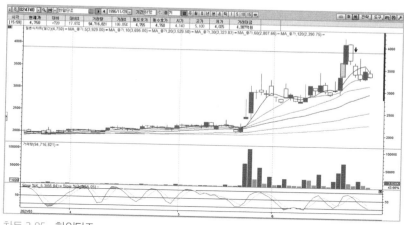

차트 3-85. 한일단조

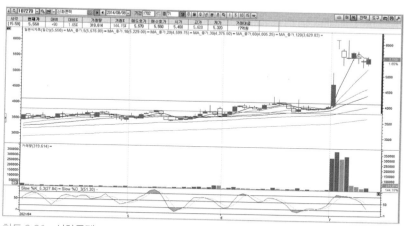

차트 3-86. 신화콘텍

느닷없이 급등하고 이후 갭으로 하락 할 때는 상당히 당황스럽겠지만, 하락 갭을 보고 일단 매도하자, 위험은 회피해야 한다.

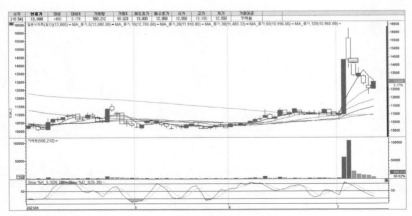

차트 3-87.

　역시 느닷없이 상한가 나온 뒤 다음날 음봉 그리고 다음 날 하락 갭 출현. 저 하락 갭을 보고도 무시하면 단기적으로 손실이 커진다. 이렇게 바닥권에서 느닷없이 거래량이 터지는 종목은 유심히 관찰해서 따라가 보라. 바닥 신호일 가능성이 크다.

차트 3-88. 인바이오젠

　같은 유형이지만 하락 갭을 보고 매도를 하였다면 이제 상승 갭을 보고 매수 할 준비를 해야 하는 상황이다. 매수 할 거 왜 매도하냐고 묻는다면 위험 회피 차원에서 매도해야 한다. 주식은 위험관리가 최우선이 되어야 한다.

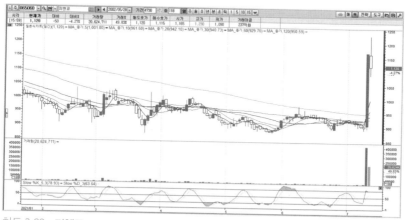

차트 3-89. 지엔코

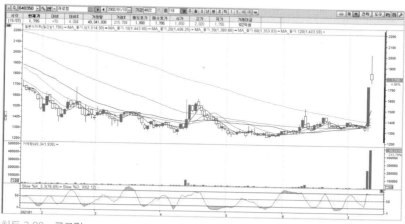

차트 3-90. 큐로컴

두 차트 중에 어떤 종목이 맘에 드시는가? 서로 장단점이 같이 있는 상황으로 위 차트에서는 일단 매도 신호가 나온 상황이고 아래 차트에서는 아직 보유 상황이다.

차트3-89는 매도 신호가 나온 상황이기는 하나 거래량과 주가의 하락 강도가 적절하여 거래량 추이대로 신호를 포착해 보면 될듯하고, 차트 3-90는 음봉에서 거래량이 크게 나온 상태라 추가 상승에 다소 걸림돌이 될 수 있다고 보인다.

▌매도 5원칙 정리

주식은 확률 게임이다! 가치투자를 하는 게 아니라면 주식을 바닥에서 매수 하지 말아야 한다. 바닥이라고 생각한 지점이 바닥이 아닐 가능성이 크기 때문이다. 그래서 파동이론에서 쌍 바닥, 진 바닥이라는 개념이 생긴 것이다. 즉, 바닥이 아닌 무릎에서 매수하라는 의미이다.

매도 역시 마찬가지다. 꼭지에서 팔고 싶은 마음은 누구나 마찬가지다. 하지만 꼭지라고 생각한 부분이 허리 일 수도 있다. 파동이론에서 쌍봉이 어깨에서 매도하라는 의미이다.

정리하면, 추세가 확인되지 않은 자리에서 매수, 매도하는 것은 자칫 손실을 키우거나 이익을 감소시킬 수 있다는 말이다. 윗부분은 추세 매매에서 해당하는 말이며 매도 5원칙 중 제1원칙으로 사용하는 매매기법이다.

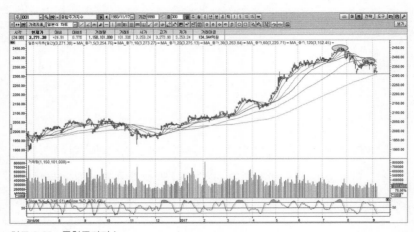

차트 3-91. 종합주가지수

　2017년 7월 코스피 지수가 고점을 찍고 8월 고점이 낮아지는 모습이 보인다. 파동이론에 기초하면 저점도 내려가면 상승 추세에서 하락 추세로 전환 신호로 본다. 여러분이 7월 최고점에서 매도하였다고 가정을 해 보자. 훌륭한 매도 진행이다.

차트 3-92.　종합주가지수

　7월 고점에도 매도는 잘 진행되었고, 이후 대응이 문제일 것이다. 저점에서 다시 매수할 수 있는가가 결과적으로 중요한 문제다.

　우리가 어떤 종목을 수익 실현하고 매도하거나, 손실을 보고 매도를 하였다고 가정해보면 한번 매도한 종목은 좀처럼 잘 보지 않는다. 고점과 저점을 잘 찾아 반복 매매 할 수 있다면 그분은 이 책을 구태여 볼 필요가 없다. 필자도 그렇게는 못 하기 때문이다.

　우리는 우리 능력에서 할 수 있는 주제를 알아야 한다. 내 능력은 10인데 100을 욕심부리면 그 욕심으로 인해 화를 초래하게 된다. 따라서 내 능력을 키우는 게 가장 우선 되어야 하고 그 수단이 공부이다.

　자신이 산 주가의 위치가 어디에 있는지 분명 알고 매수를 해야 하는 게 급선무다. 산 정상으로 올라야 하는데 지금 내가 서 있는 위치가 어디인지도 모른다면 정상에 오르기는 거의 불가능하다.

오늘도 매매하고 있는 수많은 투자자가 자신이 지금 어디서 무엇을 하는지도 모른 채 오를 거 같아서 매수하고, 떨어질 거 같아서 매도한다 이건 소중한 자신의 자산을 그냥 쓰레기통에 처박아 버리는 것과 같다.

"내가 무엇을 하고 내가 서 있는 위치가 어디인지 알아가자."

매수도 쉽지 않지만, 매도는 더 어려운 작업이다. 매수는 희망이고 매도는 두려움이다. 희망을 안고 매수에 가담하여 일정한 수익이 나더라도 이후 두려움이 찾아온다. 오래간만에 얻은 수익을 도로 토해낼까 봐 겁이 난다. 그 두려움이 커지면 자신이 무엇을 하는지도 모르게 매도 버튼을 누르고 만다.

쉽지 않다. 주식이 어려운 이유 중 가장 큰 것은 마음 자신의 마음을 다스리는 일이기 때문이다. 공연한 희망과 공연한 두려움에 휘둘리면 자신감을 잃어버리기 쉽다. 35년의 주식 시장 경험이 있어도 어렵기는 매한가지다. 이것은 주식에 몸 담고 있는 한 풀 수 없는 숙제일 수도 있다. 우리는 실패와 늘 함께한다는 걸 인식해야 한다. 하지만, 그 실패를 최소화시키고 성공을 극대화하여 궁극에는 주식 시장에서 성공한 투자자가 되어보자.

14. 내가 사면 떨어지고, 내가 팔면 오르는 이유

누군가 내 계좌를 들여다보는 듯하다. 내가 사면 주가는 여지없이 내려간다. 한두 번이 아니다. 거의 매번 그렇다. 왜 그럴까? 이에 대한 원인을 해결해 보려고 스스로 얼마나 분석하고 노력해 보았는지 되묻고 싶다. 오죽하면 친구가 사면 나는 판다라고 농담을 한다.

시중에 일명 '곡소리 기법'이라고 들어보셨는지 모르겠다. 누구나 비명을 지르면 그때가 매수 시점이라는 말이다. 반대로 누구나 열광하는 시기가 오면 매도 자리라는 말과 같다. 그럼 이것을 차트에서 어떻게 알 수 있는가? 비밀의 열쇠는 바로 거래량이다. 주가 형성원리에서 밝혔듯이 매수자가 많으면 주가는 상승한다. 매수자가 많다는 것은 열광하는 투자자가 많다는 의미이다.

예를 들어보자.

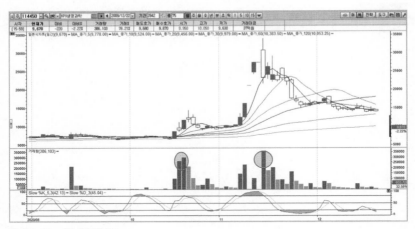

차트 3-93. KPX생명과학

군중이 열광하는 시기를 원으로 표시해 보았다. 첫 번째 원 이후 거래량이 한산한 시기가 지나고 다시 더 큰 열광 시기가 찾아온다. 첫 번째 시기에서 매수를 못 한 군중들이 이제라도 붙잡으려는 탐욕의 시기다. 이런 탐욕의 시기에 매수할 가능성이 크다는 점을 잊어서는 안 된다.

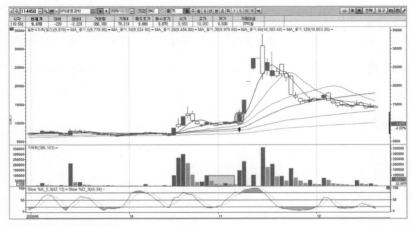

차트 3-94. KPX생명과학

탐욕과 열광의 시간이 지나고 나면 한산한 시기가 도래한다. 거래량이 현저히 줄어들고 누구도 쉽게 매수하려 하지 않는 시기다. 주가 자리에 매수 포인트를 표시해 보았는데 이런 포인트는 지지선과 저항선 영역에서 설명하고 있다.

2022년 3월 9일은 대통령 선거가 있다. 발 빠른 투자자 다시 말해 선도세력들은 이 기회를 절대 놓치지 않을 것이다. 빠르면 2020년부터 늦어도 2021년부터는 대선 테마주를 만들고 시중에 너나 할 것 없이 대선 테마주로 열광할 수 있도록 유도 할 가능성이 매우 크다.

이런 기본 생리를 이해하고 적절히 이를 이용할 수 있다면 당신은 고수다. 그렇지 않고 당하기만 한다면 왜 당하는지 그 원인을 찾아 제거해야만 한다. 수급이 대선 테마주로 몰리고 그래서 거래량이 증가하는 과정에서도 열광과 침체는 반복할 가능성이 크다. 여권 주자인 이재명, 이낙연, 정세 균등과 야권 주자인 윤석열, 홍준표, 유승민, 안철수, 최재형 등이 시장에 주목을 받고 있고 이들을 필두로 관련주들이 백여 종목이나 된다.

그 많은 종목을 하나하나 분석하기도 쉽지 않다. 시장에서 각 대선주자 관련주 중에 어떤 종목이 대장주임을 알려준다. 이런 경우 대장주를 공략하는 것이 현명하다. 대장주는 상승할 때는 많이 상승하고, 하락 할 때는 작게 하락 한다.

반대로 주변주는 상승할 때 작게 상승하고, 하락 할 때는 많이 하락 한다. 따라서 테마주를 할 때는 언제나 대장주를 선택하는 게 좋은데 이들 종목은 저점 대비 많이 상승했다는 이유로 일반 투자자들이 쉽게 접근하지 못한다.

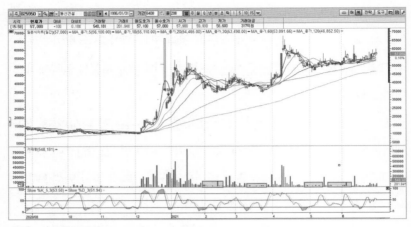

차트 3-95. 동신건설

이재명 테마주 중 대장주다. 저점 대비하면 주가가 상당히 많이 상승한 상태이다. 그런데도 매수에 참여하고자 한다면 네모난 자리 즉, 한산한 자리를 찾아 매수하고 기다려야 한다. 이런 종목들은 선도세력이 이미 진입하여 주가를 부양시킬 시기를 조절할 가능성이 크기 때문에 섣불리 매수, 매도를 반복하기보다는 엉덩이 무겁게 버티는 게 상책이다. '내가 매수하면 떨어진다' 이 말은 거래량이 대거 터지는 자리를 찾아 매수하기 때문이다.

내가 매수한 거래량보다 후에 거래량이 더 많이 나온다면 주가는 더 상승할 가능성이 클 것이다. 다시 말하면 오늘의 열광보다 내일의 열광이 더 크면 주가는 상승할 수 있지만 이런 상승은 그다지 오래가지 못하고 곧 침체기가 도래할 가능성이 크다.

▌내가 팔면 오른다는 사실

위에서 내가 사는 자리가 열광하는 자리에서 사서 물렸다면 이제는 반대로 인내의 시간을 얼마나 잘 참아내는가? 시험이다. 열광하는 자리에서 매수하고 그 결과로 물렸다고 판단되면 매도를 하는 경우가 대부분이다. 그러나 열광의 시기가 지나고 나면 침체기가 오는데 이 침체기에는 소위 선수들은 매수를 시작하는 시기다.

 필자의 실제 사례를 말해본다.

차트 3-96. 한화투자증권

 2021년 01월 15일 음봉 저격기법에 우리 음봉이 발견되었다. 이 종목을 매수한 계기가 우리 음봉이었고 이후 아래 지지선을 의지해서 분할 매수에 참여하였다.

 이후 주가가 매수한 단가보다 하락 하였으나 거래량이 침체기라 버티고 있었다. 그리고 곧바로 시세가 나오면서 상한가를 받고 수익 실현하지 않았다. 이유는 매집 종목이라는 걸 사전에 분석을 통하여 알았다.

 이후 주가는 곤두박질치고 앞에 저점까지 훼손하면서 필자의 분석이 틀렸나? 하고 의심을 하게 된 시점이기도 하다. 그런데도 버틸 수 있었던 건 거래량이 너무 적다는 사실이었다. 이 시기에 앞에 상한가 부근에서 매도 후 재진입을 했을 걸 하고 후회한 게 솔직한 이야기다. 그리고 얼마 지나 반등을 시작하는데 거래량도 없이 주가가 요동치는 걸 보면서 매집이 거의 끝나고 있음을 감지하였다.

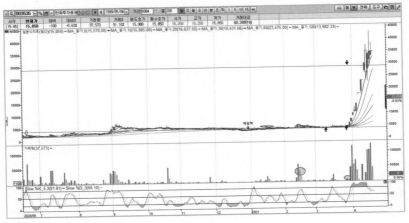

차트 3-97. 한화투자증권

　필자가 매도 사인을 낸 자리를 표시하였다. 이유는 전일 종가 3% 침범이었다. 여기서 말하고자 하는 건 자랑이 아니라 거래량이 침체기일 때 매도를 최대한 삼가자는 말이다. 지지선을 깨었다고 매도하고, 손절 가격에 왔다고 매도하고, 단기 저항에 맞았다고 매도하면 언제 수익을 내겠는가?

　주식이 수학 공식처럼 그렇게 만만하던가? 기다려 줄 때는 태산처럼 묵직하게 기다려야 한다. 이런 기다림에 익숙지 않은 투자자는 손실을 초래하기 쉽고 짧은 기간에 원금을 탕진할 가능성이 매우 크다.

　주식을 하면서 추세와 거래량 이 두 가지에 의존하여 매매한다. 추세는 본인의 차트에서의 추세를 말한다. 일봉의 추세를 보고 매수하였다면 일봉으로 매도해야 하고, 분봉의 추세를 보고 매수 하였다면 분봉으로 매도해야 한다.

　대부분 투자자가 의지하는 차트가 일봉일 것이다. 일봉으로 종목을 선

정하고 분석하고 이동평균선도 볼 것이다. 그렇다면 일봉에서 매수한 이
유와 매도의 이유는 늘 같아야 한다. 일봉에서 거래량의 침체기를 보고
매수를 하였다면 거래량이 증가 될 때까지 기다려야 한다.

매수는 잘해놓고 결실을 거두지 못하는 건 대부분 기다리지 못해서다.
침체기에 잘 매수를 해서 한 달 동안 주가가 상승하지 못하면 관심 종목
에 잘 가는 종목으로 갈아탄다. 문제는 여기서부터 시작되는 경우가 허다
하다.

핵심은 흔히 매수하는 자리는 군중이 열광하는 자리고 그래서 내가 매
수하면 곧 주가가 하락 한다. 흔히 매도하는 자리는 침체기임에도 불구하
고 기다리지 못해 매도한다. 그럼 이내 주가는 상승한다는 것이다.

원인이 밝혀졌다. 열광과 기다림, 거래량이 터지는 자리에서는 마음을
가라 진정시키고 매수 충동을 이겨야 하고, 거래량이 한적한 시기에는 묵
직하게 참아주면 해결된다.

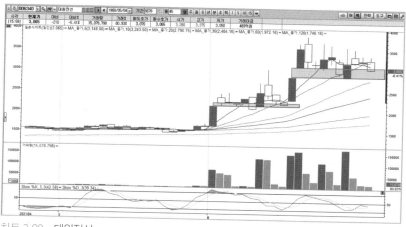

차트 3-98. 대원전선

차트 3-98 종목을 보고 어디서 매수 할 것인가? 위쪽 주가에 현혹되지 말고 아래 거래량에 집중해 보라. **주가는 거래량의 그림자일 뿐이다.** 거래량이 한적한 자리를 찾아 매수하고 거래량이 붐비는 곳에서 매도해 보라! 이 원칙 하나만 지켜간다면 계좌가 달라질 것이다. 암울한 계좌가 붉게 타오르는 걸 보게 될 것이다.

맺음말

세상에 없는 기법과 용어를 만들어 소개하기는 쉽지 않았다. 거래량의 양적·질적 개념/기준거래량/ 되돌림. 최대한 쉽게 풀어쓰려고 애썼고 사례를 중심으로 풀이해 보았다. 책에서 매수, 매도의 기준을 제시하였고 추세, 거래량의 의미를 말하였다.

하지만, 이것은 일부일 뿐이다. 독자께서 주식 투자를 할 때 최소한 이 정도만이라도 알고 투자를 한다면 크게 손실을 보거나 낭패당하는 일은 상당 부분 줄어들 것이라 확신한다.

다만, 오랜 세월 필자가 개발하고 검증한 기법과 투자 제안을 어떻게 습득하여 본인의 것으로 만들어 활용할 수 있을지는 온전히 독자의 몫으로 남는다. 세상 모든 투자 형태 중 가장 쉬운 듯하지만 가장 어려운 게 주식 투자다.

따라서 부단히 익히고 훈련하여 성공하는 투자자가 되시길 기원한다.

끝으로, 30년간 옆을 지켜준 아내에게 감사의 마음을 전하고 싶다.

2022년 봄
송주선